ESSAI

D'UNE EXPOSITION SUCCINCTE

DE LA

CRITIQUE DE LA RAISON-PURE.

PAR

Mr. J. KINKER.

TRADUIT DU

HOLLANDAIS

PAR

J. LE F.

à AMSTERDAM.

Chez LA veuve CHANGUION & den HENGST.

MDCCCI.

J.A. Brueckner, Essai sur la nature et l'origine de droits — Leipzig. 1810. in 8° —
Philos. crit. découpartit par Kant, fondée sur le dernier
principe du savoir par J. Hoehne. (Paris, 1802, in-8.) (en français)
— mémoires de l'Instit. nat. Scienc. Mor. t. IV.
— F.H. Neumann, principes moraux de la philosophie critique, développés,
et appliqués à une législation naturelle, fondée sur la justice, la liberté et
l'égalité natur. — Amsterdam. 1799. in-8.

PRÉFACE

TRADUCTEUR.

Tandis que la nouvelle Philosophie, ou manière critique de KANT *, éclaire depuis long-tems plusieurs parties de l'Europe: pourquoi deux nations, justement célèbres par les grands hommes, qu'elles ont produits en tout genre de littérature et de science, n'ont-elles pas encore daigné s'occuper d'un système, qui vient de révolutionner le monde philosophique, en faisant disparaître la chimère de la connaissance* objective *des choses en elles-mêmes; et en lui substituant la certitude* subjective, *portée au plus haut degré d'évidence, où l'homme puisse atteindre?*

Sans décider pour, ou contre KANT *, il est vrai, du moins, qu'il s'agit d'une lutte décisive entre sa Critique, et tout ce qui, avant elle, a été honoré du nom de Philosophie; et, ni les Français, ni les Anglais n'ont voulu, jusques à présent, examiner les pièces de ce procès, si intéressant pour toutes les têtes pensantes!*

Excepté deux traités, détachés du grand ouvrage du Philosophe allemand, qu'on a traduits en français, mais que personne ne lit, et un précis très superficiel de la Critique de la Raison-pure, *inséré dans le Spectateur du Nord; on n'a rien écrit en cette langue, ou du moins rien publié, jusqu'à*

*

ce jour, qui puisse faire soupçonner, que les Fran-
çais prennent le moindre intérêt à une science
toute nouvelle, et dont le premier effet sera infail-
liblement, de terminer à jamais de funestes dis-
sensions, qui ne pouvaient aboutir, comme il est
arrivé en effet, qu'au scepticisme et au mépris de
toute Philosophie.

Les Français auraient-ils donc m.connu l'esprit
de la Philosophie-critique; *ou ignorent-il jusques*
à son existence? C'est du moins ce qu'on est borné
à croire, ou d'aprè. la manière, dent en a parlé.
un de leurs écrivains, dans le Magazin encyclop:
ou d'après le silence d'un autre, qui, dans une
liste des Philosophes, insérée dans le Spectatur du
N. avril 1801. *n'a pas même fait mention de*
KANT *ni de sa Philosophie.* ·

A quoi attribuer cette espèce d'insouciance?
Est-ce à l'ignorance de la langue, dans laquelle
la nouvelle Philosophie est écrite? Mais il y a
long-tems, que les Français ont avoué, que la
lecture d'un livre allemand n'est pas tout-à-fait
insoutenable. Est-ce faute de temps et de calme?
Mais, dans les années même les plus orageuses
de leur Révolution, combien de productions des
arts, combien d'ouvrages même sur des sciences
abstraites, n'a-t-on pas vu sortir de leurs presses!

Je ne répéterai pas ce qu'a osé dire l'Auteur
des Mémoires pour servir à l'Histoire du Jacobi-
nisme (t. I. p. 265.) *,, Ni la vérité ni l'erreur*
,, cachées au fond du puits ne plaisent au Fran-
,, çais. Il aime l'épigramme, le sarcasme, et tout
,, ce qu'il appèle un bon mot." Ce reproche est

trop amer; et beaucoup de Français assurément ne le méritent pas. Mais un peu de paresse, trop de superficiel en Philosophie, ne pourrait-il pas leur être reproché avec plus de fondement? Cependant, avouons-le: il y avait si longtems, qu'on était rassasié de rêves métaphysiques; les raisonneurs scholastiques avaient fait voir si peu de raison, et les recherches profondes de ceux, qu'on regardait encore comme des Philosophes, n'aboutissaient qu'à des antinomies *si at errantes pour l'esprit humain; qu'il n'est point du tout étonnant, qu'à l'apparition du livre de la* Philosophie du bonssens, *tout Français se soit dit: ,, Mais voilà précisement ce qu'il nous faut!, Qu'avons-nous besoin de tout ce fatras Philosophique?" D'ailleurs le* M. d'Argens *n'avait-il pas fait un recueil de contes à rire???*

Néanmoins, on a beau dire: un homme sensé peut rire d'un conte: mais il ne goutera jamais la Philosophie du bon-sens, qu'il ne sache au juste, ce que c'est que ce bon-sens, et à quoi il est bon. Toute vraie Philosophie tend à la certitude (évidence subjective) à la conviction la plus solide; la Philosophie du bon-sens n'aboutit qu'au scepticisme et à des conjectures incertaines. Opinionum commenta delet dies, naturæ judicia confirmat, *a dit* CICÉRON.

Il faudra donc toujours en revenir à cette première question Philosophique: ,, Comment puis-je savoir quelque chose, et que puis-je savoir?" Question, qui ne peut absolument se résoudre, qu'au moyen de l'analyse-critique de l'Entendement humain, ou de notre faculté de connaître.

Quoique M. DE VOLTAIRE *ait dit de* LOCKE ,
———————— dont la main courageuse
Sut de l'esprit humain marquer la borne heureuse :
il est vrai cependant , que ni lui , ni les
autres Philosophes n'ont en effet marqué cette bor-
ne : „*puisqu'ils n'ont pu résoudre les antinomies de*
la raison; et que KANT *seul a fourni les moyens de*
sortir de cet embarras inextricable.

J'ai nommé Messieurs les Anglais à côté des
Français. Mais , en vérité , ils sont plus qu'in-
souciants , plus qu'ignorants en fait de Philosophie-
critique. Le jugement , qu'ils en portent , tient du
ridicule. Voyez ce qu'en disent leur MONTHLY RE-
VIEW, *et leur* CRITICAL REVIEW. *Certain écrivail-*
leur (dans le Critical Rev. cité en Allemagne par
le Rédacteur du N. Deutsch. Merkur. 1799.) *a*
même porté l'esprit Philosophique jusqu'à s'éton-
ner de bonne-foi , que la nouvelle Philosophie ne
fût ni de l'athéisme , ni du théisme *, ni du* maté-
rialisme *, ni de l'idéalisme , ni du* libertinisme *, ni*
du fatalisme *, ni du* dogmatisme *, ni du* scepticisme!!! *Sans doute , il avait lu ces grands mots;*
et sans s'appercevoir , que leur nombre n'égalait
pas encore celui des travaux d'Alcides , il n'a pas
balancé à dire : non plus ultra! *Le pauvre jour-*
naliste en a du moins oublié un :

Αυγείου πολλην κόπρον εξεκάθηρεν:

Il a passé sans façon et par - dessus les étables
du roi d'Elide , et par-dessus ses trois mille boeufs,
et par-dessus leur ordure accumulée pendant trente
années , et enfin par-dessus le fleuve Alphée , qui
pourrait seul les nétoyer.

La Philosophie de KANT *a eu un autre sort dans le nord de l'Allemagne, où elle est née, et dans le Danemark, qui l'avoisine. Ce n'est pas, que tout ce qui s'y nomme Philosophe l'ait adoptée: elle a trouvé, même autour de son berceau, et des amis et des ennemis. On est même contraint d'avouer, que, non-seulement ses détracteurs, mais aussi quelques-uns de ses zélés partisans, l'ont mal-connue; c'est-à-dire, qu'elle a eu d'abord le sort du système de* COPERNIC, *de la Physique de* NEW-TON, *etc. etc. Mais elle triomphera de la mal-adresse des uns et des préjugés des autres.*

Si je voulais fonder ce pronostic sur la connais-sance des peuples; je dirais, que la Philosophie-critique a déjà fait de très-grands progrès chez la nation de l'Europe, la plus lente, parce qu'elle est la plus circonspecte, à adopter de nouvelles doctrines.

*Dans la République Batave, il s'est trouvé des Philosophes, qui rebutés, d'une part, par l'in-conséquence des systèmes dogmatiques en Philosophie, et, de l'autre, peu contents d'un scepticisme humi-liant pour la raison-humaine, ont vu avec intérêt le Père de la Philosophie-critique s'élancer du point, où s'était arrêté le plus profond des Scepti-ques modernes (*D. HUME), *pour élever un édifice, nouveau, à la vérité; mais dont les fondements sont aussi anciens que la Raison-même.*

Parmi les savants Hollandais, qui cultivent et propagent avec succès la Philosophie-critique, je n'en citerai que deux. L'un est le célèbre Profes-seur P. VAN HEMERT, *non-moins connu par plu-sieurs ouvrages de Philosophie et de littérature, que célèbre par la connaissance profonde, qu'il a des langues anciennes.*

L'autre est M. KINKER, *qui, dans plusieurs ouvrages justement estimés, a su réunir les beautés de l'éloquence et les charmes de la poésie aux méditations profondes de la Philosophie.*

M. VAN HEMERT, *Auteur d'un ouvrage de* Philosophie-critique, *en* 4 *vol. qui a pour titre:* Beginsels der Kantiaansche Wysgeerte, *s'est chargé, en outre, de la rédaction d'un* Magazin, *ou recueil de pieces relatives à la nouvelle Philosophie.*

„ *Ce recueil,*" *dit le savant Rédacteur, dans*
„ *un Avant-propos,* „ *est destiné à faire connaître*
„ *les principes et l'usage de la* Critique de la
„ Raison-pure *et de la* Raison-pratique, *à*
„ *étendre ainsi de plus en plus les lumières, et*
„ *sur-tout à inspirer le goût de la vertu et de*
„ *la vraie morale, sans lesquelles les lumières*
„ *mêmes n'ont que peu de valeur.*"

Ce Magazin, dont il a déjà paru douze numéros, contient un grand nombre de morceaux choisis, qui répondent parfaitement au but du Rédacteur. La plupart de ces pièces tendent directement au but de la Philosophie-critique; d'autres n'en sont que des émanations. Le Rédacteur n'a pas cru, non plus, devoir passer sous silence le point de vuë, sous lequel REINHOLD, *entre autres, et sur-tout* FICHTE, *deux Philosophes Allemands, ont considéré la nouvelle Philosophie.*

C'est dans le même Magazin, que j'ai pris le traité, dont j'offre la traduction au Public. Ce morceau intéressant est de M. KINKER. *Je n'en* ferai point l'éloge : c'est au Lecteur éclairé à l'apprécier. Quant à ma traduction, tout ce qu'il m'est permis d'en dire, c'est qu'elle a été faite sous les yeux des deux savants, dont je viens de parler. Quelque soin, que j'aye apporté dans le choix des termes, la nouveauté du sujet m'a néanmoins obligé d'en adopter, qui peut-être ne sont pas reçus, et de donner à des mots, déja consacrés par l'usage, une signification différente de celle qu'ils avaient. Ainsi j'ai appelé.

Cognition, La faculté de connaître, en général;

Sensibilité, La faculté passive de recevoir des impressions de la part des choses qui nous affectent. Cette faculté est différente de ce que j'ai nommé affectibilité de notre Sensibilité, et qui n'est que la propriété, qu'a notre Sensibilité, de pouvoir être affectée.

Perception, C'est l'effet de l'impression d'une chose sur notre Sensibilité.

Phénomène, Chose perçue, ou objet d'une perception. La perception en général est appelée intuition.

Expérience, Résultat de nos perceptions.

Percevoir a, dans la Philosophie-critique, une signification différente du mot appercevoir; comme une perception y est différente de l'appperception.

Conception, C'est la réunion de perceptions partielles en une perception totale,

ou de perceptions particulières en
une perception générale, au moyen
des formes catégoriques de l'Entendement.

Entendement,   Le sens de ce mot se borne à la
faculté de concevoir.

Raison,   Faculté de conclure du général au
particulier.

Idée,   Le Lecteur est prié de ne point
prendre ce mot dans le sens vague du langage ordinaire. Il
est déterminé très-précisément
dans ce Traité.

Raison-pra-   C'est la Raison considérée dans son
tique,   usage moral.

Transcendental, qui outrepasse les bornes de l'expérience.

Subjectif,   qui appartient, ou qui se rapporte
à l'être pensant.

Objectif,   qui appartient, ou qui se rapporte
à l'être pensé.

S'il y a, dans ce petit ouvrage, d'autres mots
inusités, ou des termes déjà connus, mais auxquels
on ait attaché un autre sens que dans l'usage
ordinaire; le Lecteur en trouvera l'explication dans
les passages, où ils sont employés.

On a reproché à KANT les difficultés de sa ter-
minologie. C'est qu'on n'a pas vu, qu'une science
toute nouvelle ne pouvait se passer de termes nou-
veaux. L'auteur, que je traduis, a dû s'y conformer; et, sans doute, mes Lecteurs seront trop
équitables, que pour en faire un crime au Traducteur.

IN-

INTRODUCTION.

L'Homme naît avec le desir de savoir, et d'augmenter sans cesse la somme de ses connais- sances. Loin de contenter sa curiosité, le succès ne fait, au contraire, qu'enflammer de plus en plus son ardeur. Semblable à l'avare, en qui la soif de l'or augmente à mesure qu'il thésaurise, l'homme veut connaître, et ce desir acquiert de la force et de l'étendue, à mesure qu'il voit s'étendre la sphère de ses connais- sances.

Desir de s'instruire naturel à l'homme.

Ce n'est pas aux objets sensibles, que se borne la curiosité de l'homme: hardi dans ses contemplations, autant qu'infatigable dans ses recherches, il s'élance au de-là de la sphère des sens, et va planer jusque dans les régions des intelligences-pures. En vain se voit-il frustré dans ses recherches sur le principe de l'existence des uns et sur la nature et l'essence des autres: il n'en reprend pas moins ce travail ingrat, comme s'il était assuré de réussir un jour. Le sentiment de sa profonde ignorance à cet égard ne fait que l'aiguillonner d'avantage: c'est le sentiment du besoin, qui excite dans celui qui l'éprouve, le desir toujours renaissant de le satisfaire. Ce n'est du moins qu'après qu'il

A

en a reconnu l'impossibilité, qu'on peut s'attendre à le voir renoncer à un travail infructueux.

Avec ce desir insatiable, autant qu'inséparable de la nature de l'homme, on sent de quelle importance est pour lui la solution de cette question, qui doit précéder toute étude philo- *Premiere* sophique : „ Quelles sont les choses que je *question philofo-* puis connaître, et jusques à quel point puis-je *phique.* les connaître ?" ou bien, quelle est en moi la faculté de connaître, quelle son étendue, et à quels objets peut-elle être appliquée, de manière qu'il en résulte pour moi la connaissance de ces objets? Problême intéressant, dont la solution peut seule guider l'être pensant dans la recherche de la Vérité, et l'éclairer sur le bord de l'abîme qui le sépare des objets hors de sa portée.

Décidée Cette question toujours indécise, se trouve *dans la* enfin résolue, de la manière la plus complete, *Philoso-* *phie criti-* dans la *Philosophie critique* D'IMMANUEL KANT : *que.* syflême vaste et développé avec l'exactitude la plus précise, dans lequel, sous la dénomination de *Critique de la raison-pure*, ce génie profond, en analisant notre faculté de connaître, et en la ramenant à ses éléments primitifs, a démontré qu'il est possible pour l'homme d'acquérir des notions, en même temps qu'il a marqué les limites de ses connaissances, dans *Importan-* l'économie présente de son existence.

ce de la Pour sentir toute l'importance d'une recher- *Philoso-* *phie-criti-* che si profonde, si exacte dans ses détails, si *que.*

'Juste dans ses déductions, il suffit de jetter un coup d'œil sur le triste résultat des travaux de tant de savants et de génies du premier ordre, et de calculer les avantages nombreux, qui auraient pu résulter de leurs efforts pour l'avancement de nos connaissances, s'ils avaient bâti sur des fondements plus solides, si, avant de s'engager dans la recherche des choses mêmes et de prétendre remonter à la source de leur être (démarche anticipée, qui les exposait à s'égarer dans un labyrinthe d'illusions) ils avaient commencé par rechercher la nature de leurs propres facultés, par en examiner la vraie destination, et par déterminer les objets, auxquels elles peuvent en effet s'appliquer.

Après tant d'erreurs funestes ou ridicules, où l'on est tombé, faute d'avoir sondé le terrein, on ne regardera certainement pas comme inutile ou superflu d'examiner enfin le fil qui doit nous guider, de remonter pour cela à l'origine de notre cognition, de mesurer l'étendue de cette faculté et d'en assigner les limites.

DE LA FACULTÉ DE CONNAÎTRE, EN GÉNÉRAL.

Pour parvenir sûrement à connaître cette faculté même, sa nature et ses limites, il importe d'examiner d'abord, en combien de manières parvient à notre esprit ce que nous appelons connaissance.

Manières dont nous acquérons la connaissance des choses.

A 2

D'abord, les objets agissent immédiatement sur nous. De leur action, ou de leur impression immédiate, résultent en nous des perceptions immédiates, qui sont des représentations de telles ou telles choses.

En second lieu, nous rassemblons plusieurs de ces perceptions immédiates et particulieres, nous les réunissons, en les rapportant à une conception, c.-à-d. en les classant sous une perception générique, ou commune à plusieurs choses.

Troisièmement, enfin, nous rassemblons diverses conceptions en une conception générale, pour en tirer, comme d'un principe, des conséquences particulières.

Supposent un nombre égal de facultés. Or ces trois différentes manières d'acquérir des notions supposent nécessairement en nous un nombre égal de facultés, unies entre elles, à la vérité, de la manière la plus étroite, mais qu'il importe ici de distinguer et de considérer séparément, pour développer avec plus de clarté notre cognition entière, relativement à ces trois facultés.

Sensibilité. Nous possédons donc originairement en nous-mêmes 1. la faculté de recevoir des impressions immédiates de la part des objets sensibles; et cette faculté, qui n'est que passive, est appelée, dans la Philosophie critique, *Sensibilité*; *Entendement.* 2. la faculté de réunir ces impressions diverses des objets sensibles, mises comme en réserve dans notre *Sensibilité*, d'en former ainsi des conceptions, aux quelles nous rap-

portons diverses perceptions particulières et
immédiates ; et cette faculté de réunir ou de
concevoir , faculté , qui , au contraire de la
première, est active en nous, se nomme *Entendement*; 3. enfin, nous possédons la faculté de
tirer, des conceptions générales de l'entendement, des conséquences particulières; et cette
dernière faculté s'appelle *Raison*.

Raison.

Ainsi l'impression simple, que fait sur moi
un objet, ce livre, p. ex. sans que j'aie
besoin, pour cela, de réunir en une seule conception les perceptions partielles de feuilles, de
lettres, &c. ni de les rapporter à la perception
générale de livre — cette impression, dis-je,
je la dois à ma *sensibilité*. La conception, ou
la perception générale de livre, à laquelle se
rapporte la perception de ce livre-ci en particulier, est, au contraire, l'ouvrage de mon
entendement. Si je vais plus loin, et que,
partant du contenu de ce livre, j'en tire la
conséquence de son utilité; si je dis, p. ex:
„ Tout livre, qui tend à répandre du jour sur
„ les opérations de notre esprit, est un livre
„ utile; or ce livre tend, &c. donc il est
„ utile"—cette conclusion du général au particulier est l'ouvrage de ma *raison*.

Il résulte de ce qui vient d'être dit, que
l'entendement emprunte de la *sensibilité* la matière de ses conceptions, comme la *raison*
emprunte de *l'entendement* la matière et le
fonds de ses conséquences. Sans les impres-

*Dépen-
dance mu-
tuelle de
nos facul-
tés.*

A 3

sions des objets, reçues par la *sensibilité*, il ne pourrait y avoir de conceptions; et sans conceptions, point de proposition générale, d'où la *raison* pût déduire des conséquences particulières.

*Expé-
rience.*

Pour que ces facultés soient mises en œuvre, il est nécessaire que les objets agissent sur notre *sensibilité* : puisque les impressions qu'elle en reçoit, sont les seuls matériaux, sur lesquels *l'entendement* et la *raison* puisse s'exercer. Notre sensibilité même, si nous nous trouvions dans une disposition qui ne permît pas aux objets sensibles d'agir sur elle, resterait vuide, *inaffectée* au-dedans de nous; à peu près comme une glace, tellement disposée que les rayons de lumière qui partent des objets ne pussent parvenir à sa surface, {ne saurait ni en recevoir, ni en réfléchir les images.

*Nos fa-
cultés ne
sont point
dûes à
l'expé-
rience.*

Ces facultés, ai-je dit, ne peuvent s'exercer qu'à la suite des impressions des objets sensibles. Il ne faut cependant pas en conclure qu'elles-mêmes doivent leur existence à ces impressions : car, pour que celles-ci aient lieu, il faut qu'il se trouve précédemment en nous une faculté passive, propre à les recevoir. Ainsi l'eau, dont s'imbibe une éponge, la lumière qui pénètre le verre dans toute sa substance, supposent dans le verre et dans l'éponge une faculté passive, une disposition antérieure à se laisser pénétrer par l'eau ou par la lumière; disposition, dont la préexistence est si nécessaire, que, sans elle, l'ascension de la liqueur dans l'éponge, et le passage du fluide lumineux à travers le verre, sont également impossibles et dans le fait et dans la supposition.

Cette vérité, incontestable par rapport à la *sensibilité*, qui est une faculté passive, se fait mieux sentir par rapport à *l'entendement* et à la *raison*, qui sont, comme on l'a vu, des facultés actives. Personne ne révoque en doute cet axiome : qu'il n'est point d'action sans agent. Comment *l'entendement* pourrait-il donc subsumer les perceptions immédiates, en réserve dans la *sensibilité*; comment, des conceptions générales de *l'entendement*, la *raison* pourrait-elle tirer des conséquences particulières, si ces deux facultés ne se trouvaient en nous, antérieurement aux impressions des objets, et, par conséquent, si elles ne co-existaient pas originairement avec notre nature?

Convenons donc, qu'il se trouve originairement en nous des facultés primitives, pour l'emploi desquelles, à la vérité, sont requises les impressions immédiates ou l'intuition des objets sensibles (autrement appelée expérience); mais qui, par cela même, sont prouvées exister antérieurement à toute expérience : puisque, sans cette *antériorité*, le jeu de ces facultés, leur action, leur emploi, et par conséquent, toute espèce d'expérience, serait absolument impossible pour nous. S'il est évident, d'un

A 4

côté, que le triple germe de notre cognition ne peut se développer qu'à l'occasion de l'expérience; il n'est pas moins clair, de l'autre, que ces germes doivent être antérieurs à l'expérience, à la cause qui les séconde.

Deux sources de toute notre connaissance. Il y a donc deux sources principales, d'où découle toute notre connaissance. La première consiste dans ces facultés originairement inhérentes à notre être, et auxquelles on peut donner le nom de *cognition-pure*, en tant qu'elle habite antérieurement en nous, indépendamment de toute impression des objets. La seconde est l'expérience, résultat de l'application de notre cognition aux objets.

Deux espèces de connaissance. De ces deux sources différentes, découlent naturellement deux espèces différentes de connaissance: l'une, originaire et *primitive*, que nous puisons dans nous-mêmes, après que l'expérience a mis en action notre faculté de connaître; l'autre, *dérivée*, et empruntée de l'expérience, avec la quelle elle est liée: quoiqu'elle ne s'acquière, comme la première, qu'au moyen de la cognition-pure. Par rapport aux sources respectives, dont elles découlent, ces deux espèces de connaissance s'appellent, l'une, *connaissance-pure*, l'autre, *connaissance-d'expérience*.

Notre connaissance n'est point due toute entière à l'expérience. Nous avons dit, que toute espèce de connaissance, tant celle que nous nommons *pure*, que celle que nous avons appelée *d'expérience*, ne peut s'acquérir antérieurement à l'expérience : puisque ce n'est qu'au moyen de celle-ci, que notre cognition, ou faculté de connaître, peut être mise en action. De sorte, qu'au premier coup-d'œil, on pourrait se faire illusion sur l'origine de notre connaissance, en la rapportant toute entière à l'expérience, comme à son unique source, quoiqu'en avouant qu'elle peut, à certains égards, dépendre de la nature de notre cognition même. Ce n'est cependant, en effet, qu'une illusion, qu'une attention plus réfléchie fait aisément disparaître. Quoiqu'à la vérité, l'expérience soit le véhicule qui met d'abord en action les ressorts de notre cognition, il ne s'ensuit pas de-là, qu'une fois mise en action par l'expérience, cette faculté ne puisse ensuite, sans son secours, produire des actes de connaissance. Le contraire a si évidemment lieu, que, sans la connaissance-pure, l'acquisition de la connaissance d'expérience serait absolument impossible pour nous : puisque celle-ci ne doit qu'à la première la suite, l'enchaînement, l'unité, toutes choses essentiellement requises pour former ce que nous appellons connaissance, et sans lesquelles elle ne pourrait ni exister, ni même être conçue. Pour connaître, il faut nécessairement concevoir, c.-à-d. rassembler, en un seul tout, diverses perceptions. Or ce rassemblement est un acte, qui n'est point dû à l'expérience, mais qui ne peut être effectué que par un agent antérieur à l'expérience, par la cogni-

Connais-sance-d'expéri-ence, im-possible sans la connais-sance-pure.

tion, ou la faculté de connaître, qui est originairement en nous. Cette réunion, cet enchaînement de perceptions diverses, a donc lieu en nous-mêmes; les modes de cette réunion sont donc aussi en nous; et ce n'est point dans les choses de l'expérience, mais dans nous-mêmes, qu'il faut les chercher et en suivre les traces. Par conséquent la connaissance que nous acquérons de ces modes, ou manières de concevoir, de réunir des perceptions, ne peut aucunement découler de l'expérience : elle est uniquement dûe au fond qui subsiste originairement en nous, à notre cognition même, développée à l'occasion de l'expérience : elle est donc une connaissance primitive et *pure.*

Toujours, il est vrai, on ne met pas, dans le discernement de cette connaissance pure, autant de justesse et de précision, que l'a fait l'auteur de la *Philosophie critique* ; tous les hommes n'apportent pas autant de soin à distinguer la connaissance qui n'est dûe qu'à leur cognition, de celle qui leur vient en partie de l'expérience. Tous la font pourtant, cette distinction, jusques à un certain point, comme par instinct et sans y penser, toutes les fois, que, pour amener des conclusions certaines et démonstratives, ils appliquent, d'une manière apodectique ou nécessaire, aux objets de l'expérience, les principes ou règles fondamentales de l'entendement, qui sont et ne peuvent qu'être les mêmes pour tous les hommes.

Un exemple, quoique peu concluant à certains égards, fera mieux sentir la différence et le rapport mutuel, qui se trouve entre notre connaissance-pure, et celle que nous tirons de l'expérience. Supposons une machine destinée à préparer quelque matière, un moulin à bled, par exemple. Si nous le considérons opérant sur la matière qu'il est destiné à moudre, il nous sera facile de distinguer en nous la connaissance que nous avons de la machine qui moud, de celle que nous avons de la farine moulue par elle. Cependant la connaissance complete de la farine, comme matière moulue, suppose déja celle du moulin, comme dans la connaissance de ce dernier est en quelque façon comprise celle de la farine : car il nous est impossible de concevoir une matière moulue, sans concevoir en même temps l'action de moudre ; ou de concevoir cette action, sans avoir en même temps présente à l'esprit la conception plus ou moins claire de la manière dont se fait cette opération, et de la machine qui l'opère. Cependant la connaissance du méchanisme du moulin est absolument distincte et différente de celle que nous avons de la farine, comme matière moulue ; et quoique la seconde de ces connaissances soit, comme nous l'avons dit, dépendante de la première, il n'en est pourtant pas de même de la première par rapport à la seconde. C'est ainsi, à peu-près, que la *connaissance-d'expérience*, comme participant tout à la fois de la connaissance formelle et de la connaissance matérielle, dé-pend, à la vérité, de la *connaissance-pure*, sans que celle-ci, à son tour, dépende en aucune façon de l'expérience. — La suite fera voir de quelle importance est, dans la recherche de notre faculté de connaître, la distinction que nous venons d'établir entre la forme et la matière de notre connaissance.

Forme de notre con-naissance, distincte de ce qui en fait la matière.

Voulons-nous connaître plus à fonds et plus clairement la vraie nature de notre cognition, et remonter par cette voie jusques à la source première de toute notre connaissance : il faudra, dans l'examen ultérieur des trois facultés princi-pales de notre ame, *sensibilité*, *entendement*, *raison*, dégager soigneusement la connaissance, que nous avons de chacune d'elles, de tout ce qui est emprunté de l'expérience, comme hété-rogène et puisé dans une source étrangère. C'est l'unique moyen de nous convaincre que ce qui nous reste de connaissance, ainsi épurée, appartient originairement à notre *cognition-pure*. La connaissance ainsi acquise s'appelera *con-naissance-pure de la sensibilité-pure* — *de l'entendement-pur* — *de la raison-pure.*

Connais-sance-pure, objet de la Phi-losophie-critique.

Ce genre de connaissance, à laquelle la raison-pure elle-même ne peut parvenir que par abstraction, et qui doit essentiellement con-tenir les principes fondamentaux de toute connaissance *a-priori*, cette connaissance pure, dis-je, est l'objet de la *Critique de la raison-pure*, science rédigée pour la première fois en un système complet et régulier, par I. KANT.

Il a été dit plus haut, que les objets, dont s'occupe la *raison* humaine, sont des conceptions de *l'entendement*, et que *l'entendement*, à son tour, s'occupe uniquement des perceptions de la *sensibilité*, ou des impressions immédiates que laissent les choses de l'expérience dans cette faculté passive, en conséquence d'une disposition originaire, qui lui est naturelle. C'est pourquoi, commençant nos recherches au point où commencent toutes nos connaissances, nous examinerons, en premier lieu, quelle est originairement la nature de

LA SENSIBILITÉ.

Nous appelons *Sensibilité*, la faculté passive d'acquérir des perceptions immédiates, au moyen des impressions, que font immédiatement fur nous les objets sensibles. Or ces impressions *Affectibilité propre de notre sensibilité.* ne peuvent se faire que d'une manière conforme à l'organisation intérieure, ou au mode d'affectibilité propre à notre *sensibilité*, c. à d. fuivant certaines règles ou lois constantes et invariables de cette faculté, auxquelles sont assujetties, nécessairement et sans exception, toutes les impressions que nous recevons des objets, et par conséquent aussi toutes nos perceptions immédiates. Il est clair, par conséquent, que ce qui constitue l'essence de notre *sensibilité* même, n'est autre chose, que l'ensemble de ces lois nécessaires, existant en elle originairement, et antérieurement à toute impression actuelle des objets sur nous.

Nature de la sensibilité.

Mais comment les découvrir, ces lois immuables, que notre *sensibilité* ne peut transgresser, qui déterminent constamment, uniformément et sans aucune exception, la manière, dont nous sommes affectés par les objets sensibles, et qui sont, par conséquent, les seuls modes, suivant lesquels la perception immédiate des objets sensibles, en d'autres termes, l'intuition sensible, devient possible pour nous? Il est clair que, pour y parvenir, il n'est pas de voie plus sure, que de distinguer, d'abord, ce qui, dans la multiplicité des perceptions immédiates, nous affecte de diverses manières, de ce, par quoi nous ramenons cette variété de perceptions à l'unité, sous certains rapports et suivant des règles constantes, uniformes, générales et nécessaires. Alors ce qu'il y a de multiple et de varié dans nos perceptions, peut en être regardé comme la *matière;* l'unité en constitue la *forme.* Cette distinction, entre la forme et la matière de nos perceptions, est d'autant plus essentielle, que celle-ci appartient aux objets sensibles, tandis que celle-là n'appartient qu'à nous-mêmes, à la manière, dont nous sommes nécessairement affectés par les objets.

En second lieu, si nous séparons par abstraction, des perceptions immédiates, ce que nous avons dit en être la matière; il est évident, que ce qui restera, après cette abstraction, ne peut en être que la forme. C'est par ce moyen, que nous parvenons à découvrir les lois invariables et nécessaires, suivant lesquelles nous sommes constamment affectés par les objets, c. à d. suivant lesquelles nous nous représentons la multiplicité de nos perceptions comme formant unité, sous certains rapports qui leur sont communs. Or, que nous reste-t-il, après avoir dégagé de nos perceptions immédiates la matière, ou ce qu'il y a de multiple et de varié en elles? Rien, que les perceptions formelles de *temps* et d'*espace*. Ces deux *Le temps* perceptions pures, invariables et accompagnant *et l'espa-* *ce, formes* nécessairement toutes nos perceptions d'objets *primitives* *de la sen-* sensibles, sont donc les formes ou lois néces- *sibilité,* saires de notre *sensibilité.*

Ces deux perceptions pures, du temps et de *insépara-* *bles de la* l'espace, subsistent évidemment dans notre *sensibili-* *té.* pensée après cette abstraction faite, sans que nous courions risque, faute de bien discerner la forme, de la matière, de faire en même temps abstraction de la forme, et par-là de ne rien réserver: car ces deux perceptions pures tiennent si essentiellement à notre *sensibilité* même, qu'il nous est absolument impossible de les exclure de notre pensée. Je puis concevoir, à la vérité, ce livre ou quelqu'autre objet, et même tous les objets sensibles à la fois, comme n'existant pas, de même que je puis me figurer tel ou tel événement comme non-arrivé; mais il m'est impossible d'anéantir dans mon esprit le temps et l'espace. Ces deux perceptions sont si intimément, si universellement et si nécessairement liées à toute perception d'objets sensibles, que l'imagination ne peut en aucune manière se représenter un objet sensible, un être quelconque, quelque nature que nous lui attribuïons, sans se le représenter comme existant dans le temps et dans l'espace. Le temps et l'espace embrassent tous les objets, jusques aux chimères de l'imagination la plus fantasque. Nous pouvons tout au plus inventer des noms pour désigner des êtres purement intellectuels, des esprits, et leur assigner en apparence une manière d'être indépendante du temps et de l'espace. Sans doute il n'est pas impossible de trouver pour cela des termes; mais il l'est absolument de se représenter ces objets comme tels. Aussi ne pouvons-nous concevoir la Divinité, que nous nommons le plus pur des esprits, que comme présente à la fois, par-tout, et comme n'ayant ni commencement ni fin; c. à d. comme remplissant en entier le temps et l'espace. Voulons-nous nous réprésenter, à notre manière, l'être

infiniment

infiniment parfait ; nous sommes contraints alors de le revêtir de tous les attributs, dont nous avons quelque conception; et ces attributs, nous les lui donnons dans un degré de perfection sans bornes. Or, ne pouvant rien concevoir hors du temps et de l'espace, pas même l'être infini, nous sommes forcés de lui assigner pour demeure l'espace sans bornes, et pour durée le temps infini, l'éternité.

Ces deux perceptions pures, du temps et de l'espace, découlent donc immédiatement des lois générales et nécessaires de notre intuition. Nous les tenons originairement de notre *Sensibilité*, et non de l'intuition même des objets sensibles: puisque cette intuition, comme nous l'avons déja remarqué, présuppose nécessairement en nous ces deux perceptions pures. Ce sont elles, par conséquent, qui constituent essentiellement le fonds de notre *Sensibilité* pure. Le temps et l'espace doivent donc être considérés comme les deux formes primitives de cette faculté passive, comme ses lois fondamentales, qui n'ont elles-mêmes d'autre base que la nature de notre ame, et qui subsistent en nous antérieurement à toute perception des objets: car la forme qui détermine une chose, et la loi qui fixe sa manière d'être, en précédent nécessairement l'existence.

Ces deux formes de notre *Sensibilité* ont cela de commun entre elles, que non-seulement elles se présentent nécessairement par-tout,

Le temps et l'espace antérieurs à l'intuition des objets sensibles.

Généralité, nécessité, communes aux deux formes de la Sensibilité.

embrassant la sphère entière des objets sensibles; mais encore qu'elles se présentent toujours de la même manière, sans qu'il soit possible de les concevoir autrement. Les propriétés de l'espace sont toujours les mêmes pour nous : nous ne concevons qu'un seul espace, sans bornes, s'étendant en tout sens autour de nous ; et quand nous parlons de plusieurs espaces, nous ne les concevons que comme parties inséparables de l'espace un et illimité, dont la totalité forme un tout sans la moindre interruption. De plus, nous nous représentons l'espace comme divisible à l'infini, comme ayant trois dimensions, comme occupant toujours et tout entier la même place, et par conséquent comme immobile. De même nous concevons le temps comme grandeur continue, comme une série, dont les termes, au-lieu d'être co-existants, se succèdent, mais sans interruption ; comme n'ayant qu'une seule dimension, sans bornes, et divisible à l'infini : puisqu'il n'y a point de moment, ou de partie du temps, quelque divisée qu'elle soit, qu'on puisse concevoir comme le dernier terme de cette division, ou comme la plus petite partie de temps possible. Ce sont — là des propriétés tellement essentielles au temps et à l'espace, qu'il est impossible à l'esprit d'imaginer en elles le moindre changement ou l'altération la plus légère.

Propriétés de l'espace.

Propriétés du temps.

Or, si nous ne pouvons acquérir les percep- *Les per-* *ceptions de* tions de temps et d'espace, que suivant ce *temps et* mode invariable ; si toutes deux sont absolu- *d'espace ne* *sont pas* ment et nécessairement générales, par rapport *dues à* à toutes les perceptions de l'expérience : il faut *rience.* en conclure qu'elles ont leur origine dans nous-mêmes et nullement dans l'expérience ; *Bornes de* l'expérience ne pouvant par elle-même nous *l'expé-* *rience.* fournir aucune perception qui emporte avec soi nécessité et généralité absolue. Elle nous montre, à la vérité, ce qui est, ce qui arrive ; mais elle ne peut jamais nous démontrer qu'une chose soit ou arrive nécessairement, et d'une telle manière, qu'il nous soit absolument im- possible de concevoir cette chose comme n'étant pas, ou comme pouvant arriver d'une autre manière. Parmi les objets sensibles, p. ex. les végétaux, les animaux, les hommes se présen- tent à notre conception avec les qualités et les attributs qui leur sont propres, mais sans que nous soyons forcés de les concevoir comme nécessairement existant, ou comme ne pouvant exister de quelqu'autre manière. Rien ne nous empêche dé concevoir la possibilité qu'il n'y eût ni hommes, ni animaux, ni plantes, ou de concevoir ces divers objets comme revêtus de qualités différentes de celles que nous leur connaissons. Il en est de même de tous les événements, de toutes les vicissitudes, que nous offre l'ex- périence : nous pouvons les concevoir comme n'étant jamais arrivés, comme n'ayant point eu de cause qui les fît naître. Il n'en est aucun, qui se présente à notre conception comme absolument nécessaire, et il dépend de nous de métamorphoser par la pensée tout ce que nous offre l'expérience. Le temps seul et l'espace n'ont rien de contingent, rien, par conféquent, dont la connaissance soit empruntée de l'expérience.

D'ailleurs l'expérience ne peut en aucune manière nous fournir les preceptions de temps et d'espace, telles que nous les avons nécessairement. Tout ce que produit en nous l'expérience, elle ne le produit qu'au moyen des impressions que nous recevons de la part des objets. Mais nous ne recevons jamais, du temps et de l'espace, ni impression ni affection *Les objets* quelconque. Au contraire, les impressions, *sensibles ne peuvent* les affections qui nous viennent de la part des *être perçus* objets sensibles, nous les éprouvons dans le *que dans le temps* temps et dans l'espace; c.-à-d. le temps et *et l'espace.* l'espace sont des formes inhérentes à notre faculté de percevoir, et au moyen desquelles seules la perception des objets se transmet jusques à nous. Nous sommes tellement organisés, qu'il nous est impossible de recevoir aucune impression des objets, et par conséquent d'acquérir aucune perception, autrement que suivant l'ordre et la liaison, qui dépendent uniquement et essentiellement de ces formes. De sorte que nous ne pouvons concevoir les

objets sensibles, que comme rangés dans l'immensité de l'espace, et les variations qu'ils
éprouvent, comme se succédant dans la série
du temps. De-là vient aussi que nous ne
pouvons concevoir d'objets indépendamment de
temps et de lieu, parcequ'alors nous manquons
des formes, qui seules peuvent les modifier et
les façonner à notre *Sensibilité*.

Le temps et l'espace n'appartiennent donc *Le temps*
pas aux objets de notre connaissance, mais à *et l'espace appartien-*
notre cognition même; quoique, dans notre *nent à no-*
manière de voir, nous transmettions aux objets *tre cogni-*
toutes les qualités, qui dérivent de ces deux *tion.*
formes de notre *Sensibilité*, telles que l'étendue,
les dimensions de longueur, de largeur et de
profondeur, la divisibilité à l'infini, les variations successives. Ainsi la cire emprunte sa
figure du moule dans lequel on l'a fait couler,
parceque le moule communique nécessairement
sa conformation à la matière qu'il reçoit, sans
que cette figure empruntée puisse être regardée
pour cela comme une propriété de la cire.

De même aucune perception ne peut avoir
lieu dans notre *Sensibilité*, que modifiée par
les formes essentiellement inhérentes à cette
faculté passive, formes, desquelles dépendent, *Nos affec-*
sans exception, toutes ses perceptions, ou *tions ne nous ap-*
représentations des objets. Ces perceptions ne *prennent*
peuvent donc rien nous apprendre sur la nature *rien sur la nature des*
des choses en elles-mêmes; elles ne peuvent *choses en elles-mê-*
que nous éclairer sur la manière, dont ces choses *mes.*

nous affeċtent. Ces affeċtions dépendant ainsi essentiellement des formes primitives de notre sensibilité, et d'ailleurs étant sujettes à recevoir autant de modifications, étrangères aux choses en elles-mêmes, qu'il y a de variétés dans nos sens extérieurs et de nuances dans notre organi-

Connais-
sance des
phénomè-
nes, la
seule pos-
sible pour
nous.

sation; il est clair que tout ce que nous transmettent nos organes et notre sensibilité, les seuls passages, par où les impressions des objets puissent parvenir jusques à nous, se réduit à des phénomènes, à des apparitions d'objets; et que par conséquent nos perceptions nous indiquent, non ce que sont les objets en eux-mêmes, mais ce qu'ils sont pour nous, et la forme, sous laquelle ils nous apparaissent.

Pourquoi
cette as-
sertion
nous pa-
raît étran-
ge.

Cette assertion, toute incontestable qu'elle est, ne peut, je l'avoue, que nous paraître étrange. Accoutumés dès l'enfance à regarder les phénomènes comme autant d'êtres réels, nous ne pouvons qu'avec peine, long-temps même après que nous nous sommes convaincus du contraire, nous résoudre à souscrire pleinement à cette décision de la raison. C'est qu'en qualité d'êtres sensibles, nous sommes constitués de manière à regarder comme appartenant aux objets eux-mêmes, ce qui n'est qu'une modification résultant de notre manière d'être et de percevoir. Quand nous rencontrons notre image dans une glace, quand un bâton plongé dans l'eau nous paraît rompu à sa surface, nous ne nous trompons plus, à la vérité, sur ces

phénomènes, parceque, en pareils cas, l'expérience nous a appris à distinguer l'apparence,
de la réalité. Mais, quand nos cinq sens,
d'accord avec notre *Sensibilité*, conspirent à
nous présenter les objets sous une forme parti-
culiérement affeÆée à nos facultés mêmes ; alors
les lumières de l'expérience sont nulles pour
nous : puisque c'est l'expérience elle - même,
qui, en conséquence des lois primitives de
notre cognition, nous fournit les perceptions,
dont notre *Entendement* s'empare (aussi suivant
des lois fondamentales qui lui sont propres,
comme nous le verrons dans la suite) comme
si ces perceptions étaient réellement objeÆives ;
c.-à-d. comme si elles nous montraient dans
l'expérience l'essence réelle des choses, et non
les apparences, dont les revêt notre organifa-
tion intérieure. Ce n'est qu'au moyen de notre
Raison, cette faculté qui donne à notre connaissance la plus haute mesure de perfeÆion possible,
que nous parvenons à reconnaître que, précisément parceque toutes nos perceptions doivent
leur existence et toutes leurs modifications aux
formes de notre *Sensibilité*, ainsi qu'à notre
organisation extérieure, il est impossible qu'elles
ayent une valeur *objeÆive* ; mais que la leur ne
peut être que simplement *subjeÆive*, c. - à - d.
entièrement dépendante de l'état du sujet ou de
l'être pensant : puisque c'est de cet état, ou
de ces formes invariables, que dépend la
possibilité de l'expérience.

De notre manière propre d'être affectés, résultent donc en nous des phénomènes, des apparences de choses, et nullement la connaissance des choses telles qu'elles sont en elles-mêmes et indépendamment de la manière, dont notre esprit les saisit : quant à ceci, nous n'en savons absolument rien ; il nous est même impossible de nous en former aucune conception. Supposé qu'on voulût pénétrer par l'abstraction jusques à l'essence des choses en elles-mêmes, en raisonnant p. ex. de la manière suivante : ,, puisqu'en faisant abstraction de la ,, *matière* d'une perception, nous parvenons ,, à la connaissance de la *forme* primitive et ,, pure ; il faut donc, qu'en faisant, au con- ,, traire, d'abord abstraction de la *forme*, il ,, nous reste ensuite, de la perception toute ,, entière, la partie qui appartient à l'objet ,, même, ou la matière ;" malgré cette supposition, on n'en serait guère plus avancé dans la connaissance des choses en elles-mêmes. Car, outre qu'il serait aisé de prouver l'inconséquence de ce raisonnement, qu'on se contente ici de se demander à soi-même, que me resterait-il du contenu d'une perception, si j'en détachais les formes, au moyen desquelles seules elle peut avoir lieu dans ma pensée ? Que seraient pour moi, qui ne puis rien percevoir que dans le temps et dans l'espace, des êtres qui n'existeraient ni dans l'espace ni dans le temps ? La possibilité même d'une

Connais-
sance des
choses en
elles-mê-
mes, im-
possible
pour nous.

telle manière d'exister est inconcevable pour nous.

Concluons enfin, que le temps et l'espace *Conclu-sion.* ne sont pas des attributs des choses en elles-mêmes, ou telles qu'elles sont, indépendamment de la disposition *sensible* de-notre cognition; mais simplement des formes, dont notre cognition revêt les phénomènes, et les seules, sous lesquelles ils puissent être connus par nous. Les phénomènes seuls ont une éxistence réelle pour nous ; ce sont les seuls objets, dont nous puissions avoir l'expérience, et dont il nous soit permis de nous occuper, en vertu de la nature de notre cognition, au moins dans l'économie présente de notre existence.

DE L'ENTENDEMENT.

Si notre cognition se bornait à la faculté *La Sen-sibilité in-* passive de recevoir des impressions des objets, *suffisante* sans que nous fussions doués en même temps *pour ac-quérir la* d'une faculté active, au moyen de laquelle *connais-* nous pussions réunir, ramener à une seule *sance des* conception les perceptions immédiates de la *choses.* Sensibilité; il nous serait impossible d'acquérir jamais aucune connaissance : parce qu'alors ces perceptions resteraient éparses dans notre ame, sans liaison, et sans pouvoir jamais se réunir par elles-mêmes. Cependant, puisque *con-naître* consiste, pour nous, précisément à être en possession de conceptions, ou perceptions composées, auxquelles nous rapportons les perceptions simples et immédiates ; de conceptions générales, auxquelles nous rapportons d'autres conceptions particulières ou bien

Nécessité de réunir les perceptions de la Sensibilité. les perceptions simples de la *Sensibilité* : il faut nécessairement que nous soyons doués d'une faculté active, capable d'opérer cette réunion de perceptions en une conception, et la réunion de conceptions particulières en une conception plus générale. Lors, p. ex. qu'une rose se présente pour la première fois à nos regards, cette vuë fait naître en nous la perception immédiate de rose. Mais cette perception, cette image contient en elle les perceptions plus particulières des parties qui composent la rose, de sa tige, de ses feuilles, etc. Pour acquérir la perception de rose, il faut pouvoir réunir ces perceptions partielles en une seule perception. Lorsqu'en suite nous voyons d'autres roses, nous rapportons la perception de chacune d'elles à la conception, ou perception générique que nous avons de la rose. Et de même, en voyant des roses, des tulipes, des hyacinthes et d'autres espèces de fleurs, nous rapportons ces différentes espèces à la conception de fleur en général. Or ce n'est pas la *Sensibilité*, faculté passive, qui opère ces rapprochemens, ces réunions : ce sont autant d'actes, qui ne peuvent être que l'ouvrage d'une faculté active, de *l'Entendement*.

,,Ces deux facultés se touchent, pour ainsi dire, dans notre ame; au point qu'il ne peut y avoir d'*Entendement* sans *Sensibilité*, comme la *Sensibilité* serait impossible sans l'*Entendement*. C'est-à-dire : il est également impossible de supposer une faculté passive, une disposition à être affecté, sans une faculté active, qui réunisse, qui combine ces affections, ou bien de supposer une faculté de réunir des affections, qu'aucune faculté passive n'aurait reçues. Ainsi l'existence de l'une de ces facultés suppose nécessairement et réciproquement l'existence de l'autre. Néanmoins nous sommes obligés de les distinguer et de les considérer séparément, pour acquérir des notions plus claires par rapport à notre cognition même.

,, De même" dit le Philosophe Allemand (Crit. der reinen Vern. pag. 75.) ,, de même que nous appelons *Sensibilité*, en tant qu'elle est affectée d'une manière qui lui est propre, cette faculté de notre ame, au moyen de laquelle nous acquérons des perceptions; nous appelons aussi *Entendement* la faculté de produire nous-mêmes des perceptions. Nous sommes intérieurement organisés, de manière, que l'intuition de notre *Sensibilité* ne peut être que sensible; au-lieu que l'*Entendement* élève l'objet de l'intuition sensible, à la hauteur de la pensée. L'une de ces facultés ne peut devancer l'autre: c'est à la *Sensibilité* à

Définition de l'Entendement.

Réunion de la Sensibilité et

de l'enten-
dement,
nécessai-
re.

fournir à l'ame les objets de la pensée , en même temps que c'est à *l'Entendement* à penser les objets , que lui fournit la *Sensibilité.* Toute conception est vuide , sans matière conçue , c. a. d. : sans perceptions : toute perception est insignifiante, sans conception, sous laquelle elle puisse être classée. Aussi est-il aussi indispensable pour nous de matérialiser nos conceptions (c. a. d. : de leur assigner un objet intuitif,) que de faire de nos perceptions des objets de la pensée, c. a. d. de les rapporter à des perceptions générales, à des conceptions. Ces deux facultés , ont chacune leur tâche particulière, qu'il ne faut pas confondre. *L'Entendement* est aussi peu capable de sentir ou de percevoir , que l'est la *Sensibilité* de penser ou de concevoir. Ce n'est qu'au moyen de leurs opérations réunies, que nous acquérons des notions ; mais il ne faut pas confondre ensemble la part qu'a chacune d'elles à cette acquisition : au contraire, il faut distinguer exactement la part , qu'y prend l'une de nos facultés, d'avec celle qui doit être exclusivement attribuée à l'autre."

Pour que la *Sensibilité* puisse, de son côté, contribuer à l'acquisition de la connaissance, il faut donc qu'elle soit secondée par *l'Entendement* , auquel seul appartient le droit de rassembler, de ramener à l'unité les perceptions , que la *Sensibilité* reçoit des objets. Or cette réunion, ouvrage de *l'Entendement* ,

Imagi-
nation.

ne peut être effectuée, qu'au moyen d'une
faculté, qui rapproche les diverses perceptions partielles, appartenant à un objet sensible, à un phénomène. Sans cela, comme on
l'a vu précédemment, jamais les perceptions
partielles ne pourroient être considérées comme
appartenant toutes ensemble à la perception
d'un tout, et par conséquent elles ne pourraient jamais être ramenées à l'unité. Or
cette réunion est l'ouvrage de *l'imagination*.

Cependant cette concaténation, cette liaison *Rémé-*
de parties, ne peut se faire toute à la fois: elle *niscence.*
doit être successive. Quelque promptitude
que j'aye acquise d'ailleurs, par l'habitude de
lier mes perceptions, il est néanmoins impossible pour moi de rapporter à la conception
complette d'un tout les différentes parties,
dont il est composé, sans parcourir successivement toutes ces parties. Le dessus de la
table, sur laquelle j'écris, p. ex. toutes les
pièces qui la composent et la manière dont
ces pièces sont unies, les pieds qui la sou-
tiennent, leur symétrie, leur éloignement
réciproque et la manière dont ils sont attachés
au reste, les différents matériaux, dont toutes
ces pièces sont faites, la forme générale de
la table et celle de ses parties — tout cela
doit être rassemblé pièce par pièce, avant que
je puisse refondre en une conception toutes
ces perceptions diverses et partielles. Pour
concevoir ainsi, en procédant successivement

de partie en partie, il faut qu'à chaque passage d'une perception à une autre, chaque
perception précédente se reproduise continuellement dans *l'Entendement*, afin de pouvoir
saisir enfin, dans une seule conception, la
série entière des perceptions, que fournit la
considération successive des parties de cette
table. La faculté, qui opère cette réproduction, s'appelle *réminiscence*.

Consci-
ence.

Encore cela ne suffirait-il pas, si, à chaque
réproduction des perceptions précédentes, nous
n'étions intérieurement convaincus, que ce
qui est reproduit par notre *réminiscence*, est
précisément le même, que ce qu'avait produit d'abord notre *imagination*. Il faut donc,
pour cela, une troisième faculté ; et cette
faculté s'appelle *conscience*.

Ainsi l'imagination, la réminiscence et la
conscience sont trois facultés, à l'aide desquelles *l'Entendement* réunit les phénomènes,
que lui offre la *Sensibilité* dans ses perceptions
immédiates.

Fonctions
de l'enten-
dement ne
sont pas
bornées
aux per-
ceptions
de la sen-
sibilité.

De même que, dans la perception totale
d'un phénomène, *l'Entendement* en ramène les
parties à l'unité ; il ramène aussi à l'unité
divers phénomènes de la même espèce, au
moyen de la conception générique, sous laquelle tous ces phénomènes particuliers sont
généralement compris. Ainsi *l'Entendement*
rapporte p. ex. divers phénomènes particuliers
de la même espèce à la conception de rose ;

la conception de rose , celles d'oeillet , de jasmin , &c. à la conception plus générale de fleur , et ainsi de suite. Sous ce rapport , *l'Entendement* doit être considéré comme la faculté d'acquérir des notions générales, au moyen de notions particulières, en remontant des perceptions simples aux conceptions spéciales, de celles-ci à des conceptions génériques, et des dernières à d'autres plus générales encore. De sorte que, toujours réunissant, toujours généralisant, *l'Entendement* parvient à se composer un tout, un système de connaissance. Se former ainsi des notions générales, au moyen de l'assemblage de notions particulières, s'appèle juger ou concevoir.

Juger ou concevoir.

Comme, dans ses jugements, *l'Entendement* rapporte à certaines conceptions la matière, les phénomènes, qui lui sont fournis par l'expérience (car c'est-là ce qui s'appèle juger) il faut que *l'Entendement-pur* soit antérieurement en possession de certaines conceptions fondamentales, qui n'ayent leur origine que dans *l'Entendement* même, et auxquelles puissent être rapportés ces phénomènes, qui font la matière des jugements. Les phénomènes, à la vérité, sont, comme nous l'avons déja vu, la matière, sur laquelle *l'Entendement* opère, en les réunissant, en les classant dans certaines conceptions générales, avec la conscience de ces opérations. Mais cette réunion même, *l'Entendement* ne peut l'opérer, que conformé-

Conceptions fondamentales, formes de l'entendement.

ment à la manière d'être ou d'agir, qui lui est essentiellement propre. Il a ses lois, ses règles fondamentales, dont il ne peut s'écarter dans ses opérations, et qui doivent exister antérieurement à l'apparition des phénomènes, qui lui sont offerts par la *Sensibilité* : car c'est à l'existence seule de ces lois, que nous sommes redevables de la possibilité de penser ou de concevoir ; tout de même que la possibilité d'acquérir des perceptions immédiates est uniquement dûe aux formes de notre *Sensibilité*.

Formes de la pensée différentes de la matière. Ces lois de l'*entendement* sont appelées *formes* de la pensée, par opposition aux phénomènes, qui en sont la *matière*. Ces formes, indépendantes de l'expérience, à laquelle elles sont *Entendement-pur.* antérieures, constituent l'*Entendement-pur*. Il s'agit donc à présent de découvrir ces formes, c.-à-d. ces conceptions originaires et primitives de l'*Entendement*.

Puisque ces conceptions originaires sont autant de lois primitives et fondamentales de la pensée, et que ce n'est que par elles, que sont possibles les jugements, ou les actes de la pensée : il est évident que la forme de tous les jugements, ou la manière dont l'*Entendement* juge, doit être aussi déterminée par ces conceptions pures et fondamentales. Elles doivent donc se retrouver dans les modes de tous les *Conceptions pures. Il y en a autant que de* jugements possibles. Si la forme d'un jugement quelconque n'est empruntée que des conceptions pures de l'*entendement* ; si aucun jugement n'est

possible

possible sans elles : il doit nécessairement se *formes de* trouver dans *l'Entendement* autant de concep- *nos juges* tions-pures, qu'il y a de formes de jugements. *ments:*
Ainsi, comme il nous est impossible d'acquérir la perception immédiate d'un objet, hors du temps et de l'espace, c. a. d. indépendamment des formes de notre *Sensibilité*; de même aussi il nous est impossible de concevoir une chose, autrement qu'au moyen des conceptions-pures, qui sont les organes et les lois fondamentales de cette faculté active, que nous nommons *Entendement.*

Les formes, ou règles primitives de notre *Entendement* doivent donc pouvoir se découvrir dans les formes des jugements, e. a. d. dans les diverses manières, dont cette faculté active opère dans la formation d'un jugement. Un jugement est un acte, une production de *l'Entendement: l'Entendement* en est l'agent ou la cause. Or *l'Entendement* ne peut agir, produire, penser, qu'au moyen des lois inhérentes à sa nature ; c. a. d. convenablement aux formes qui lui sont propres. Le lecteur peut se rappeler ici l'exemple du moule, cité plus haut. Pour connaître la conformation intérieure de ce moule, il n'est pas absolument nécessaire de l'avoir sous les yeux : il suffit de considérer la cire, ou toute autre matière, qui en a reçu l'empreinte, pour en conclure avec toute certitude, que telle est et doit être la conformation du moule lui-même. Il est vrai,

C

qu'au moyen de cette analogie, nous ne parviendrons jamais à connaître le moule en lui-même, la matière dont il est composé, ni le procédé qu'a suivi l'ouvrier en le construisant : car il ne suffit pas, pour cela, du simple aspect de la matière moulée. Mais il ne s'agit ici que de la conformation intérieure du moule; et pour cela, il suffit de connaître la forme extérieure de la matière moulée. Or, quant à cette dernière espèce de notion, il importe peu que le moule ait été taillé dans le bois, ou gravé dans l'acier, qu'il ait été pêtri d'argille ou creusé dans la pierre par la nature: quelle qu'en soit la matière ou la composition, il suffit qu'il a cette conformation, et qu'il n'en a pas d'autre; et cette conformation intérieure s'est montrée évidemment à nos regards, dans la matière qui en est sortie. Il en est de même de l'*Entendement* : il nous est impossible de connaître la nature de notre ame, telle qu'elle est en elle-même et indépendamment de l'expérience que nous avons de ce qui se passe en elle; mais il n'en est pas moins certain, que les formes, que nous présentent les jugements ou les opérations de notre *Entendement*, sont exactement et nécessairement semblables aux formes naturelles et originaires de cette faculté de notre ame. Les jugements ne sont que le produit des opérations de l'*Entendement*, auquel, comme nous.

l'avons dit plus d'une fois, la *Sensibilité* a fourni la matière nécessaire. Pour connaître à fonds les formes essentielles de *l'Entendement*, il n'y a donc qu'à bien connaître les formes de nos jugements.

Or, tout ce qui peut être énoncé par un de ces actes de *l'Entendement*, que nous appellons jugements, se réduit en général à quatre chefs: 1. à la capacité ou étendue d'un jugement, pour autant que ce jugement énonce la conception d'une quantité; 2. à la chose même, comprise dans la capacité d'un jugement, c. à d. à la qualité, ou plutôt à la qualification de la chose; 3. à la relation, conçue entre plusieurs objets de la pensée; et enfin 4. à la relation entre le jugement et *l'Entendement* qui juge; c. à d. au mode du jugement relativement à la notion que nous en avons. A ces quatre modes se bornent toutes les opérations de *l'Entendement*, dans la formation de ses jugements. Ne pouvant s'exercer sur les objets ou former des jugements, qu'au moyen de conceptions, et ne pouvant concevoir les objets autrement, que par rapport à la quantité, la qualité, leur rapport mutuel, ou le rapport qu'ils ont avec la pensée elle-même (ce que KANT appele *modalité*); il s'ensuit que les formes des jugements de *l'Entendement* sont nécessairement comprises en entier dans ces quatre modes de la pensée.

Formes de nos jugements.

Quantité.

Qualité.

Relation.

Modalité.

Nous marchons donc ici dans une route sûre; nous partons d'un principe qui ne peut errer, puis qu'il est fondé sur la possibilité même de la pensée. Pour le combattre, ce principe, il faudrait prouver qu'il existe des modes de la pensée ou du jugement, différents de ceux, dont nous avons fait l'énumération, et qui ne pussent y être ramenés; entreprise impossible à exécuter, pour l'esprit même le plus subtil.

En détachant, par la pensée, de tout jugement possible, ce qui en fait la matière, et n'en réservant que la forme, nous trouvons donc que les formes de tous nos jugements se rapportent aux quatre chefs sus-mentionnés. A chacun de ces quatre chefs, sont subordonnées trois classes particulières de jugements, comme on le verra dans la table suivante, fondée sur l'analyse des formes de la pensée:

1.

Quantité des jugements.

Subdivision des formes de nos jugements.

a) Jugements généraux,
b)   particuliers, ou pluriels,
c)   et individuels.

2.

Qualité des jugements.

d) Jugements affirmatifs,
e)   négatifs,
f)   et déterminatifs.

3.

Relation des jugements.

g) Jugements catégoriques,
h) hypothétiques,
i) et disjonctifs.

4.

Modalité des jugements.

l) Jugements problématiques,
m) assertoriques,
n) et apodectiques.

Ces trois dernières sortes de jugement, relatives à la quatrième forme de nos jugements,
ou à notre quatrième catégorie, peuvent être,
comme on le voit, affirmatives, ou négatives,
indifféremment : la seule chose, qui les distingue essentiellement, c'est que l'affirmation
ou la négation se rapporte, dans la première,
à la *possibilité*, dans la seconde, à la *réalité*,
et dans la troisième, à la *nécessité*.

Des exemples faciliteront l'intelligence de
cette table.

Commençons par la *quantité*, ou capacité
des jugements.

a) Les jugements généraux sont ceux, qui *Juge-*
ments gé-
n'admettent absolument aucune exception, dans *néraux.*
lesquels l'affirmation ou la négation a lieu par
rapport à un tout absolu, sans exception
d'aucune de ses parties ; par ex : *Tous les*

animaux sont doués de sentiment. Aucun homme ne possède la toute-science.

Dans le premier de ces jugements, on affirme de la faculté de sentir, qu'elle appartient à *tous* les animaux ; dans le second, on nie de la toute-science, qu'elle soit l'apanage *d'aucun* homme. Ainsi l'affirmation, dans l'un, et la négation, dans l'autre, s'appliquent, sans exception, à toutes les parties intégrantes d'un tout, à une *totalité*. Or un tel jugement, ou l'application du jugement à une totalité, serait impossible, si *l'Entendement* ne contenait antérieurement en lui-même la forme, la conception primitive de *totalité* ou *généralité*, dans laquelle viennent se mouler, pour ainsi dire, les conceptions d'homme, d'animal. *Totalité* ou *généralité* est donc une conception pure de *l'Entendement*, dont nous acquérons la notion, au moyen de l'analyse des jugements généraux ; analyse que nous faisons, en séparant, par abstraction, d'un jugement général, le contenu ou la matière de ce jugement. Alors il ne nous reste, abstraction faite, que la conception de totalité, conception, qui, n'étant sujette à aucune analyse ultérieure, n'offre plus que la forme pure de totalité, à laquelle *l'Entendement* rapporte d'autres conceptions, comme celles d'homme, d'animal, de plante, de minéral, etc. C'est ainsi, que nous parvenons à découvrir les premiers éléments de tous nos jugements, d'où dépend,

comme d'une première source, la possibilité
de la pensée. Une fois parvenus jusque là,
il nous est impossible d'aller plus loin : ces
éléments de nos jugements, ces formes de
la pensée, ne sont susceptibles d'aucune analyse
ultérieure. Qu'est-ce, p. ex: que la totalité,
séparée de la matière ramenée à cette conception? Elle n'existe plus que dans notre *Entendement*. Il en est de même de toutes nos
conceptions-pures : séparées, par abstraction,
des objets, auxquels *l'Entendement* les applique,
elles ne sont plus que des formes, qui ont
leur siège et leur origine dans notre entendement.

b) Jugements *particuliers ou pluriels.* Ces *Jugements par-
ticuliers.* jugements sont pluriels, parcequ'ils ont rapport à un nombre, à une pluralité d'objets,
considérée comme quantité déterminée. Ils
sont en même temps particuliers: parceque la
grandeur, dans ces jugements, ou la pluralité
qu'ils embrassent, y est considérée, non comme un tout, mais comme une variété, une
partie d'un tout. Par ex: *Il est des devoirs
difficiles à remplir. On connaît des animaux,
qui ne vivent qu'un jour.* En faisant l'analyse
de ces jugements particuliers, comme nous
avons analysé les jugements généraux; c. a. d.
en séparant exactement, dans ces actes de l'*Entendement*, la matière d'avec la forme, nous
nous trouvons ramenés, et en même temps

arrêtés à leur élément primitif, à la conception pure de *pluralité*.

Jugements individuels. c) Les jugements *individuels* ou singuliers sont ceux, dans lesquels l'attribut est appliqué à un seul sujet, considéré, non comme partie numérique ou intégrante d'un tout ; mais comme individu, comme exprimant telle ou telle chose, telle ou telle personne individuellement. Par ex : *Homère fut un grand poëte. Cette femme est bien faite. Cet hôtel est le plus vaste de la ville.* Or de tels jugements ne sont possibles, à leur tour, qu'au moyen de la conception pure d'unité individuelle.

Totalité, *pluralité*, *unité*, sont donc autant de formes spéciales, comprises dans la forme générale de quantité. Au moyen de ces formes, *l'Entendement* détermine la capacité de ses jugements, et donne unité à la pensée. Au reste, l'unité, dont nous parlons ici, ne doit s'entendre que de l'acte de la pensée, et ne pas être confondue avec *l'unité, forme de l'Entendement-pur*, dont nous venons de parler. Dans toutes les formes de *l'Entendement*, sans en excepter même celle de pluralité, le jugement se trouve en effet ramené à l'unité de conception : puisque l'effet de tout rapprochement, de toute liaison de perceptions, n'est que leur unité dans la conception, quoique produite de diverses manières. — Passons à la *qualité des jugements.*

d) Les jugements *affirmatifs* expriment une qualité comme *appartenant* à la chose , un attribut; de manière qu'en exprimant cette qualité , on donne à connaître *quelle* est la chose , à quel genre ou à quelle espèce elle appartient. Les jugements affirmatifs servent à augmenter la somme de nos connaissances ; p. ex: *Le fer est un métal. L'homme est un être doué de raison.* *Juge-ments af-firmatifs.*

e) Les jugements *négatifs* , au contraire , expriment une qualité comme *étrangère* à la chose pensée: de sorte qu'ils n'ajoutent rien à la notion que nous avons d'une chose, et qu'ils ne servent qu'à nous préserver d'une erreur à son égard. *La pierre n'est point douée de sentiment. Cette table n'est pas transparente:* sont des jugements négatifs. *Juge-ments né-gatifs.*

f) Jugements *déterminatifs*. Quoique, rela-tivement à la *qualité* , tous nos jugements se réduisent proprement à deux espèces, puisque tous sont ou affirmatifs ou négatifs ; il en est cependant d'affirmatifs, qu'on peut ranger dans une troisième classe : ce sont les juge-ments déterminatifs, qui, au-lieu d'énoncer directement la qualité de la chose, déterminent indirectement ce qu'elle est , en énonçant ce qu'elle n'est pas. Ces jugements sont ainsi affirmatifs quant à la chose, et négatifs quant à l'énoncé, Ils ne contiennent par conséquent qu'une simple détermination , au moyen de laquelle l'intensité de l'objet , quoiqu'à pro- *Juge-ments dé-termina-tifs.*

prement parler, toujours indéfinie, se trouve pourtant resserrée dans de certaines bornes. Sans énoncer precisément ce qu'est la chose, ces jugements tracent, pour ainsi dire, la ligne de démarcation entre ce qu'elle est, et ce qu'elle n'est pas. Ils partagent ainsi la totalité des possibilités par rapport à la qualité d'une chose, et ne lui assignent une place d'un côté, qu'en l'excluant de l'autre. Si je dis, p. ex: *l'ame n'est point mortelle* ; ce jugement, d'abord, est *négatif* quant à l'énoncé, et sert à me préserver d'une erreur, par rapport à la nature de l'ame. Mais en même temps, ce jugement négatif renferme implicitement une affirmation : car en niant de l'ame qu'elle soit mortelle, je la range affirmativement dans la classe des êtres qui ne sont point sujets à la mort. Or, comme la totalité des êtres possibles renferme, d'un côté, tous les êtres mortels, et de l'autre côté, tous les êtres immortels ; dire que l'ame n'est point mortelle, n'est pas précisement déterminer ce qu'elle est: on ne fait par-là que l'exclure de la classe des êtres sujets à la mort, pour la renfermer dans celle des êtres immortels, c. à d. dans la classe indéfinie des êtres qui restent, après avoir soustrait de la totalité des êtres, ceux qui sont mortels. On pourrait donc aussi avec raison appeler ces jugements *indéfinis*.

Ces jugements forment donc en effet une

troisième classe , entièrement différente de ceux, qui ne sont qu'affirmatifs ou négatifs : quoiqu'ils ressemblent aux uns par la forme, et aux autres par le sens logique qu'ils renferment.

Pour former ces trois sortes de jugements, il faut qu'il se trouve dans *l'Entendement* un nombre égal de formes inhérentes à son être, de *conceptions-pures*. Ainsi la forme affirmative, par laquelle on donne une certaine réalité à la matière, au contenu du jugement, suppose nécessairement, dans la faculté active de *l'Entendement*, la conception-pure ou primitive de réalité. De même la forme des jugements négatifs ne peut être ramenée qu'à la conception-pure de *négation*, c. à d. négation de *réalité*. Enfin la forme déterminative remonte nécessairement à la conception de *détermination*, dont elle se laisse déduire, sans qu'aucune de ces conceptions-pures soit, à son tour, susceptible d'une nouvelle analyse, ou d'un développement ultérieur.

Rapport des jugements entre-eux.

g) Jugements *catégoriques* ou positifs. L'é- *Jugements ca-tégoriques.*
noncé d'un jugement catégorique renferme deux conceptions : celle du *sujet*, et celle de *l'attribut*; il exprime le rapport de l'un avec l'autre; p. ex: *Dieu est juste.* Considéré suivant la forme de quantité, ce jugement est individuel, comme il est affirmatif, par rapport à la qualité ; mais ici, nous ne le

considérons que comme positif, ou catégorique, exprimant simplement le rapport entre la justice, comme *attribut*, et Dieu, comme *sujet*. C'est ici le lieu d'observer, que les mêmes variétés de formes se retrouvent dans les exemples que nous avons cités à l'appui des différentes sortes de jugement. Il n'est pas possible d'alléguer en exemple un seul jugement, qui n'appartienne qu'à une forme, sans que, dans ce jugement, *l'Entendement* opère, en même temps, suivant quelqu'autre forme; comme il paraît par le dernier exemple, que nous avons cité, où les formes de *qualité* et de *quantité* se découvrent aussi distinctement que celle de la *relation*. A moins de bien distinguer ces formes, on tomberait dans la confusion ; sur-tout lorsqu'il s'agit de jugements catégoriques, dans lesquels ces trois formes se retrouvent nécessairement ensemble. Quoiqu'il en soit, il est évident que *l'Entendement* ne pourrait former ces jugements catégoriques, s'il ne contenait en lui-même une conception originaire, au moyen de laquelle l'attribut pût être conçu comme appartenant au sujet, en qualité d'être permanent ou substantiel. Cette conception pure de l'entendement est celle de *substance*, à laquelle répond, dans la relation, la conception *d'attribut*.

Juge- ments hy- pothéti- ques. h) Les jugements *hypothétiques* contiennent de même deux propositions, dont l'une sert de fondement à l'autre, comme la seconde énonce une suite profluant de la prèmiere. Ces jugements énoncent donc le rapport d'une chose, comme principe, à une autre qui en est la suite. P. ex: quand jé dis : *s'il existe un rémunerateur suprême, le mal doit être puni.* On n'a ici nul égard à la vérité de l'une ou de l'autre proposition, considérée séparément : il s'agit uniquement de la dépendance de l'une envers l'autre. Ce rapport ou cette dépendance consiste dans la liaison d'une chose, comme principe, avec l'autre, comme dérivant de ce principe. Or, pour que nous puissions concevoir une pareille liaison dans les objets, il doit se trouver antérieurement dans *l'Entende-ment* une conception-pure, correspondant à cette liaison; c.-à-d. la conception de *causalité*, ou liaison nécessaire de la cause avec l'effet; conception pure de *l'Entendement*, qui ne peut être dérivée d'aucune cause antérieure. A la cause répond donc nécessairement l'effet; et l'énoncé des jugements hypothétiques ne contient autre chose que le rapport nécessaire entre la cause et l'effet.

i) La troisième espece de jugements relatifs *Juge-ments dis-*comprend les jugements *disjonctifs.* Ces juge-*jonctifs.* ments renferment deux ou plusieurs conceptions, non comme découlant l'une de l'autre, ou comme se servant mutuellement de base; mais comme se trouvant réciproquement dans un rapport, tel, que l'une des conceptions exclut nécessairement toutes les autres: de manière que la vérité ne puisse exister que dans l'une des propositions disjonctives, à l'exclusion de toutes les autres. Chacune d'elles, en particulier, est censée contenir une partie de la possibilité totale, tandis que toutes ensemble sont censées embrasser le cercle entier de cette possibilité. Quand on dit, p. ex: *Le monde existe ou par un hasard aveugle, ou par nécessité, ou par une cause qui n'est pas lui:* chacune de ces trois propositions renferme en particulier une des branches de la possibilité, par rapport à la cause de l'existence du monde en général; et toutes trois ensemble sont censées embrasser la totalité de ces possibilités. Ces propositions se bornant exclusivement au nombre de trois, il est clair que pour démontrer la vérité de l'une d'entre elles, il suffit de prouver la fausseté des deux autres, et réciproquement, qu'en démontrant la vérité de l'une, on démontre la fausseté des deux autres. Ceci suppose une liaison mutuelle, une réciprocité de conceptions, sur laquelle *l'Entendement* opère d'une manière reciproque. Mais réciprocité dans les opérations de *l'Entendement* suppose nécessairement, dans cette faculté active, une conception antérieure et primitive, à laquelle réponde la forme des iugements réciproques : cette conception-pure s'appele *réciprocité*, ou action réciproque.

La quatrième et dernière forme générale de nos jugements s'appele *modalité* ; c.-à-d. rapport de nos jugements avec notre faculté de juger. Cette dernière forme est visiblement distincte des trois autres. *Quantité*, *qualité*, *relation*, appartiennent, comme formes, exclusivement à la matière de nos jugements; c.-à-d. aux objets de la pensée. La *modalité*, au contraire, détermine la valeur d'un jugement, relativement à la pensée même, ou le mode, suivant lequel le sujet pensant agit dans la formation d'un jugement.

La *modalité* embrasse, de même que les autres formes générales de nos jugements, trois formes subalternes, dans lesquelles se retrouve constamment la liaison du jugement avec le sujet qui juge, appelée *modalité*. Ces formes subalternes des jugements modaux sont celles des

l) Jugements *problématiques*, dans lesquels l'affirmation ou la négation est énoncée comme simplement *possible*; *Jugements problématiques.*

m) Jugements *assertoriques*, dans lequels l'affirmation ou la négation est énoncée comme ayant *effectivement* lieu; et *Assertoriques.*

n) Jugements *apodectiques* ou démonstratifs, dans lesquels l'affirmation ou la négation est énoncée, comme ayant *nécessairement* lieu. *Apodectiques.*

Les jugements *problématiques* n'expriment une chose que comme ne répugnant pas à la pensée; c.-à-d. qu'ils présentent le sujet et l'attribut, comme ne s'excluant pas mutuellement. Tel est le jugement énoncé dans cette proposition : *peut-être la lune est-elle , ainsi que notre terre, habitée par des êtres raisonnables.*

Les jugements *assertoriques* énoncent une chose, comme ayant effectivement lieu, ou comme pouvant être connue; p. ex: *l'homme est doué de raison.*

Enfin les jugements *apodectiques* énoncent une chose, comme ne pouvant être conçue autrement. Telle est cette propostition: *Tout cercle a un centre.*

Il est clair que ces trois différents actes de *l'Entendement* exigent, comme les précédents, un nombre égal de formes de la pensée, ou de conceptions-pures de *l'Entendement*; savoir : la *possibilité*, ou son contraire, *l'impossibilité*; *l'être*, ou le *non-être*; la *nécessité*, ou la *contingence.*

Récapitu-lation. C'est ainsi, que sous sommes parvenus à découvrir toutes les formes, ou conceptions primitives de *l'Entendement-pur.* Ces conceptions sont comme autant d'instruments ou plutôt de puissances inhérentes à notre cognition. Le fil, qui nous a guidé dans cette recherche, est, à la vérité, emprunté de l'expérience ; mais nous en avons ensuite dégagé tout ce qui appartenait à l'expérience même; nous avons séparé de tous les jugements de l'expérience ce qui en fait la matière, et n'en avons réservé que la part qui est due exclusivement à *l'Entendement* même, à l'action propre et

primitive

primitive de la pensée ; et cette partie , séparée de la matière , nous l'avons appelée la *forme* de nos jugements.

Juger , c'est subsumer dans une conception ; c. a. d. rapporter un objet à telle ou telle conception. *L'entendement* n'opère qu'au moyen de conceptions. Mais , comme nous l'avons évidemment prouvé , il n'opère aussi qu'au moyen de ses formes - pures. Ces formes-pures de l'entendement sont donc évidemment des conceptions , dans lesquelles peuvent être sub-sumés les objets de la *sensibilité*, ou d'autres conceptions , sans qu'elles - mêmes puissent être rangées sous d'autres conceptions. Elles sont d'une nécessité rigoureuse, et ne peuvent par conséquent être dérivées de l'expérience , où tout est contingent ; et , puisque c'est par elles que commencent toutes nos autres con-ceptions , sans qu'il nous soit possible de remonter plus haut : elles sont évidemment autant de conceptions primitives et fondamen-tales , et la source première de toute notre connaissance, tant de celle qui est pure , que de celle qui a pour objet l'expérience. Ce-pendant l'intuition de l'expérience est indis-pensable pour cela, comme nous l'exposerons plus clairement dans la suite. Nous avons déja dit à ce sujet, qu'une conception , sans perception, est absolument vuide : les percep-tions pouvant seules fournir à *l'Entendement* la matière de la pensée , matière , sans laquelle

Les for-mes-pures de l'En-tendement sont des concep-tions pri-mitives.

l'opération de l'entendement, ou la formation d'un jugement ne peut jamais avoir lieu ; de même qu'un moule ne peut communiquer sa figure, sans matière propre à en recevoir l'empreinte.

Aptitude réciproque des perceptions, et des formes de l'Entendement.

Or, les perceptions de notre *Sensibilité*, dans le temps et dans l'espace, sont précisément la matière propre à être assumée dans les formes pures de *l'Entendement* ; comme ces formes elles-mêmes sont faites pour recevoir et *conformer* les perceptions de la *Sensibilité*.

Possibilité de la pensée.

C'est sur cette aptitude réciproque, qu'est fondée la possibilité de la pensée. En effet, que résulterait-il d'une conception-pure, telle que la quantité, p. ex. si cette forme de *l'Entendement* n'était adaptée à quelque perception, du moins à une perception-pure ? Nous sommes donc obligés, pour penser, de rendre sensibles ces conceptions de *l'Entendement*, en les appliquant aux perceptions de la *Sensibilité*. En faisons-nous, p. ex. l'application à la perception pure du *temps*, telle que nous le percevons intérieurement (ce qui, comme nous l'avons vu, ne peut s'effectuer que par une suite de sensations intérieures) nous acquérons par-là une conception tout à la fois pure et sensible.

Schema d'une conception de l'Entendement.

KANT l'appèle *Schema*, image sensible, d'une conception de l'entendement. C'est ainsi que le nombre, ou l'expression numérique d'une quantité est une image schématique de la quantité. La quantité numérique est, à la vérité, une conception-pure ; néan-

moins ce n'est pas une conception primitive;
puisqu'elle se laisse ramener à la conception‑
mère de *quantité* en général.

Ces conceptions fondamentales (que K A N T *Catégo-*
a nommées *catégories*, à l'imitation d'Aristote) *ries.*
sont donc les seules formes primitives de
l'Entendement, ou de la faculté de concevoir.
On les trouvera rangées dans la table suivante.

T A B L E

des catégories, ou conceptions‑pures de ·l'entendement.

I.	3.
Quantité :	*Relation :*
Unité,	Substance (et accident)
Pluralité,	Cause (et effet)
Totalité,	Réciprocité (influence récipro‑ que)

2.	4.
Qualité :	*Modalité :*
Réalité,	Possibilité (impossibilité)
Négation,	Existence (non‑existence)
Détermination.	Nécessité (contingence.)

Cette table renferme toutes les formes ori‑ *Complé-*
ginaires de la pensée, et par conséquent toutes *tion de la*
les conceptions primitives de l'entendement‑pur. *table des*
catégo-
Cette faculté (*l'Entendement*) est tellement *ries.*

constituée , tellement limitée par sa propre
nature; qu'elle ne peut agir, concevoir, penser, qu'au moyen, et suivant la forme invariable de ces conceptions primitives, inhérentes à son essence. Peut-être d'autres êtres
que nous sont-ils doués d'un entendement
différent du nôtre, concevant au moyen de
formes qui ne ressemblent nullement à nos
catégories, et desquelles, par conséquent, nous
ne pouvons acquérir la moindre notion. Pour
nous, aussi long-tems que nous sommes bornés à cette existence sensible, il est impossible
que notre entendement suive d'autres lois.
Soit que nous pensions d'après nous-mêmes,
soit que nous ne fassions que suivre la trace
de ceux qui ont pensé avant nous ; quand
même nous analyserions les raisonnemens les
plus subtils de ceux, qui ont prétendu donner aux habitants de la terre, des nouvelles
du monde intellectuel et des êtres entièrement
dégagés de toutes formes sensibles : toujours
nous trouverons que leurs conceptions et les
nôtres, ne sont que des branches, qui se rapportent à ces tiges-mères — ce qui n'aurait
pas aussi constamment lieu, si nos catégories
n'étaient pas les fondements primitifs, les
premiers éléments de la pensée, pour l'entendement humain.

En jettant les yeux sur la table des catégories, on remarque, d'abord:

1. Que les catégories de *quantité* et de *qualité*

ne peuvent s'appliquer qu'aux objets de l'intuition, aux perceptions de la *sensibilité*, tant à celles que nous avons appelées pures, qu'à celles que nous acquérons à l'occasion de l'expérience. Les autres, au contraire, la *relation* et la *modalité*, sont applicables seulement à la *manière d'être* des objets de l'intuition, soit dans leur rapport mutuel, soit dans le rapport qu'ils ont avec *l'Entendement* qui les conçoit. Ainsi nos quatre catégories peuvent, en général, se partager en deux classes: les deux premières, comme applicables à des choses susceptibles d'augmentation extentive ou intensive, peuvent s'appeler catégories *mathématiques*; les deux dernières, distinguées d'ailleurs des précédentes, en ce qu'elles ont des formes correspondantes qui leur sont opposées, sont appelées, dans la philosophie *critique*, catégories *dynamiques* ou potentielles: parcequ'au moyen de ces catégories, *l'Entendement* conçoit, non les objets eux-mêmes, mais le principe de leur existence.

Division générale des catégories.

Catégories mathématiques.

Catégories dynamiques.

2. Il est à remarquer, que chacune des quatre catégories principales se partage en trois autres catégories particulières, et que la troisième dans l'ordre de ces especes subalternes naît toujours de la liaison, qui se trouve entre les deux premières. *Totalité*, p. ex. n'est autre chose que *pluralité*, considérée comme *unité*; *détermination* n'est que *réalité* unie à la *négation*; *réciprocité* est la *causalité*

Subdivision des catégories.

Origine particulière de la troisième catégorie dans chaque subdivision.

d'une *substance* , en détermination réciproque d'une autre ; enfin *nécessité* est *l'existence* , conçue comme donnée par la *possibilité* d'exister.

De ce rapport de chaque troisième catégorie aux deux premières, il ne faut cependant pas conclure qu'elle n'en est qu'une émanation, et que par conséquent elle n'est pas , comme elle, une conception fondamentale et primitive de *l'Entendement-pur* : car , pour concevoir cette liaison de la première avec la seconde conception , d'où en naît une troisième , il faut nécessairement un acte particulier de *l'Entendement*, distinct de ceux, qu'il produit dans les deux premières conceptions.

Objet particulier des catégories de modalité. 3. Il est à remarquer, que les catégories de *modalité* ne déterminent rien par rapport aux objets-mêmes. Que je conçoive une chose, comme simplement *possible* , comme *actuellement* ou *nécessairement existante :* ma conception n'assigne par-là aucune détermination à l'objet pensé. La conception que j'ai de l'objet considéré en lui-même n'éprouve aucun changement de la part de la *modalité :* il n'y a de différencié par elle que la manière dont cet objet se présente à ma connaissance.

Toutes ces particularités, qui s'offrent aisément à l'esprit, quand on considère, et qu'on compare entre elles ces formes pures de la pensée, et leur manière d'être, tellement déterminée, que, dans la formation de ces actes ou jugements, notre *Entendement* ne peut s'en écarter le moins du monde, ces particularités, dis-je, sont inexplicables, à moins qu'on n'en cherche la cause dans la nature même de l'entendement : car il est impossible „ qu'une généralité si complette, une nécessité si rigoureuse, soit le résultat de l'expérience. D'ailleurs, ce n'est pas en analysant le contenu ou la matière d'une perception fournie par l'intuition, et ramenée à l'unité par *l'Entendement*; c'est, au contraire, en écartant de nos jugements tout ce qui en fait la matière, et en ramenant leurs formes aux premiers éléments de la pensée, que nous parvenons à découvrir ces conceptions pures de *l'Entendement*. Au moyen de cette abstraction, nous remontons jusques à des conceptions originaires; et là nous nous trouvons arrêtés, parceque ces conceptions ne sont plus susceptibles d'aucune analyse. Or, si elles ne peuvent être puisées dans l'expérience, ni déduites de principes antérieurs qui leur servent de preuves et de fondement; si d'ailleurs elles se retrouvent nécessairement dans tous les modes de la pensée, au point que ce n'est que par elles et conformément à elles, qu'il est possible de penser : il faut donc 1. qu'elles soient autant de conceptions *Nature des* pures, c. à d. indépendantes de toute expé- *catégo-* rience, et par conséquent qu'elles se trouvent *ries.* antérieurement en réserve dans nous-mêmes. 2. Qu'elles soient en nous et pour nous les principes fondamentaux de la pensée; et 3.

qu'elles soient autant de lois nécessaires, fondées sur l'essence même de notre être.

Ces lois de *l'Entendement*, ces *catégories*, forment, conjointement avec les lois de la *Sensibilité*, le *temps* et *l'espace*, l'ensemble des conditions, qui rendent possible pour nous l'acquisition de connaissance, tant pure, que d'expérience. Pour penser, il faut un objet, une matière de la pensée; et cette matière est fournie à *l'Entendement* par la *Sensibilité*, au moyen de ses propres formes, et conformément à elles : tandis que *l'Entendement* s'empare, de son côté, des perceptions diverses de la *Sensibilité*, les réunit, au moyen des formes qui lui sont propres, et les rapporte à une perception unique ou conception, tandis qu'il a la conscience de cette opération. Le travail de *l'Entendement* s'achève, comme nous l'avons dit, au moyen de trois facultés qui l'accompagnent : *l'imagination*, la *réproduction ou réminiscence*, et la *conscience*. La première rassemble l'une après l'autre les perceptions diverses de la *Sensibilité* ; la réminiscence en forme un tout, une perception unique en unité de temps : tandis qu'au moyen de la conscience, nous avons la conviction intime que c'est nous-mêmes qui éprouvons à la fois ces diverses sensations. La première de ces facultés forme donc une suite de perceptions, la seconde en opère la réunion en une perception composée simultanée : tandis que

de la dernière naît la liaison de cette perception même avec le sujet pensant, en qui
elle a lieu. Au moyen de cette triple faculté,
se transmettent à *l'Entendement* les perceptions
immédiates de la *Sensibilité*, que cette faculté
active rapporte ensuite à ses propres conceptions. Il est donc évident, que toute la
connaissance, que nous tirons de l'expérience,
n'est dûe qu'à la manière, dont la *Sensibilité*
a reçu des perceptions immédiates dans les
formes qui lui sont propres, et à la manière
dont *l'Entendement* opère sur ces perceptions,
suivant son aptitude et ses formes originaires.

Toute notre connaissance, commençant *Notre con-*
ainsi par la *Sensibilité*, et passant de suite à *naissance se termine*
l'Entendement, se termine enfin à la *Raison*, *à la Rai-*
faculté, au moyen de laquelle nous connais- *son.*
sons le particulier dans le général ; c. a. d.
nous tirons, de principes généraux, des conséquences particulières. Cela se fait en assumant, dans le contenu d'une règle, ou proposition générale, appelée *majeure*, une autre
proposition particulière, qui s'appèle *mineure;*
de sorte que dans une troisième proposition,
qui est la *conclusion*, on applique à la mineure
l'énoncé de la majeure, comme *prédicat.* Or
il faut pour cela que la *Raison* emprunte des
jugements, de *l'Entendement*; car, tant la
majeure que les mineures, qu'on assume dans
son contenu, sont des jugements, que la raison
ramène, dans ses conclusions, au plus haut

point d'unité. Lorsque, p. ex. partant de ces deux propositions: *Tous les animaux sont doués de sentiment; or le chien est un animal;* je tire cette conclusion: *donc le chien est doué de sentiment;* la majeure et la mineure sont des jugements ou des actes de *l'Entendement.*

La Raison n'étend pas notre connaissance. Aussi long-temps que la *Raison* borne là ses opérations, elle ne fait que ramener les conceptions de *l'Entendement* à une unité régulative, sans que, à proprement parler, elle ajoute rien à notre connaissance: elle ne fait en cela que développer les matériaux, qui lui sont fournis par *l'Entendement.* Cependant ce développement même, cette opération de la *Raison,*

Généralité, forme de la Raison. ne peut avoir lieu, que suivant une forme propre à la *Raison,* conformément à une loi primitive de la *Raison,* au moyen de laquelle seule elle peut opérer ainsi. Or, comme toutes les conséquences, que la raison applique aux objets particuliers, elle les tire de principes, ou de règles générales, il est clair, qu'il n'y a que la *généralité,* qui puisse constituer la forme de la *Raison.*

Les objets ne sont pour nous que des phénomènes. S'il est vrai, comme nous l'avons prouvé, que nous ne puissions acquérir de perceptions, que suivant les formes de notre *Sensibilité,* qui sont le temps et l'espace: en d'autres termes, si les objets, quels qu'ils soient en eux-mêmes et quelles que soient leurs qualités absolues (dont il nous est imposibles d'acquérir la moindre notion) ne peuvent produire d'impression sur notre *Sensibilité*, que relativement au temps et à l'espace; si, d'un autre côté, nous ne pouvons concevoir ces objets, que suivant les lois de notre *Entendement*, c.-à-d. dans le rapport de nos catégories: il est évident que tout ce que nous connaissons de ces objets, n'est qu'apparence, qu'ils ne sont pour nous que des phénomènes ; c.-à-d. des choses, qui nous paraissent nécessairement telles, parceque nous ne pouvons les percevoir ni les concevoir, que conformément aux règles invariables de nos facultés.

Il résulte aussi de cette considération, que la nature, ou l'ensemble des êtres et de leurs rapports, n'est pour nous que l'ensemble des phénomènes : il ne peut y en avoir d'autres pour nous, qui sommes des êtres sensibles. *La nature, ce qu'elle est pour nous.* Ainsi, toutes les fois que nous parlons des *lois de la nature*, nous ne devons pas entendre *Lois de la nature.* par-là des lois, auxquelles sont assujetties les choses, considérées en elles-mêmes et indépendamment de notre manière d'en être affectés, et de les concevoir; mais uniquement les lois ou les directions, suivant lesquelles nous les percevons et concevons, précisément de la manière déterminée par notre *Sensibilité-pure* et notre *Entendement-pur*. Ou bien, les lois de la nature sont des principes fondamentaux, des règles primitives, existant dans notre ame, antérieurement à toute impression des objets sur nous, et produits par l'application des formes de *l'Entendement* aux formes de la *Sensibilité*. Les deux formes de la *Sensibilité* étant généralement et rigoureusement applicables à tous les phénomènes, c.-à-d. à tous les objets de l'expérience ; il s'ensuit que, de l'application des lois de *l'Entendement*, aux formes de la *Sensibilité*, doivent résulter des principes fondamentaux, applicables à tous les phénomènes.

Principes fondamentaux de l'Entendement. Pour remonter à ces principes, il est nécessaire de suivre le fil de nos catégories ; et en le suivant, nous découvrons un nombre de conceptions fondamentales, de principes, et, par conséquent, de lois de la nature, précisément égal au nombre des catégories ; savoir : 1. la conception de *quantité* ; 2. celle de *qualité* ; 3. de *relation* ; 4. de *modalité*.

Principe de quantité. 1. La conception, ou le principe de *quantité* consiste à concevoir les phénomènes comme grandeurs *étendues*. Par étendue, nous entendons ici assemblage, réunion de parties dans l'espace : la conception de cette réunion est nécessaire pour se former celle du tout.

Principe de qualité. 2. Le principe de *qualité* s'énonce de la manière suivante : tous les phénomènes ont une grandeur intensive, ou un certain degré de réalité. Cette grandeur ou quantité *intensive* *Différence entre les quantités intensive et extensive.* diffère de la quantité *extensive* ou grandeur étendue, en ce que cette dernière n'a lieu qu'au moyen de l'addition ou réunion de plusieurs unités : au-lieu que l'autre se conçoit toujours comme unité simple, en identité de temps et de perception ; la quantité, dans cette dernière conception, consistant en ce que le degré de réalité conçue est susceptible d'augmentation ou de diminution. Entre la réalité et la nullité du phénomène ; c.-à-d. entre l'expérience et la non-expérience, il est plusieurs degrès, qui, toujours allant en diminuant intensivement, aboutissent à *Zéro.* Ainsi la couleur, la chaleur, la pesanteur, et autres qualités des corps, sont des quantités intensives ; c.-à-d. que les phénomènes, que nous appelons corps, ont, dans notre expérience, un degré plus ou moins grand de convenance avec ces qualités, telles que nous les concevons.

KANT appele *mathématiques* ces deux principes de *quantité* et de *qualité,* conformément aux catégories, dont ils sont dérivés, et pour les distinguer des principes de *relation* et de *modalité,* auxquels il donne le nom de *dynamiques,* de même qu'aux catégories, dont ils dérivent.

Les principes de *relation* et de *modalité* sont donc des principes *dynamiques.* Par rapport au premier, il est bon de remarquer d'abord, que les phénomènes n'étant pas des choses en elles-mêmes, mais seulement des apparences de choses, qui dépendent uniquement de notre manière de les voir; la présence de ces phénomènes ne peut aussi être sentie par nous, que dans l'ordre et la liaison prescrits antérieurement par les lois de notre *Sensibilité,* et en particulier, conformément à la forme de notre sens intérieur. Cette forme, au moyen de laquelle nous réunissons en une seule perception intérieure, dont nous avons la consience, la multiplicité et la variété de tous les phénomènes ; cette forme, dis-je, c'est le *temps*. C'est donc dans le temps, que doit avoir lieu l'enchaînement de toutes les parties de notre connaisfance : tandis que cette liaison, dans le temps, ne peut s'effectuer, qu'au moyen de règles dérivées des formes de la pensée, c. à d. de lois de la nature, telles, que leur application soit générale et nécessaire à tous les phénomènes. Le premier principe des théses fondementales de la *relation* pourra donc s'exprimer ainsi : ,, Tous les phénomènes, relativement à leur présence, sont soumis à des règles, qui déterminent leur rapport mutuel, dans le temps." Hors du *temps*, il est impossible de concevoir quelque rapport mutuel entre les choses : sans lien qui les unît, il ne pourrait exister aucune liaison entre elles. C'est au moyen du *temps*, qu'un phénomène est conçu en rapport avec d'autres phénomènes ; et tout phénomène doit exister dans un temps. Nous ne pouvons nous représenter cette existence ou présence des phénomènes dans le *temps*, que de trois manières ; savoir : présence en tout temps, en divers temps, ou dans le même temps. En faisant à ces trois modes d'existence l'application des trois catégories de la relation,

La liaison de notre connaissance n'est possible que dans le temps.

nous acquérons un nombre égal de conceptions, savoir : la conception de *permanence* ou *substance*, celle de *succession*, et celle de *simultanéité*.

Suivant le principe de *permanence*, il y a, dans la nature, une *substance* permanente, subsistant en elle-même, et toujours invariable, au milieu des vicissitudes qu'éprouve tout ce qui n'est qu'accidentel et contingent dans les phénomènes. Toutes les variations, que nous observons successivement dans les phénomènes, nous ne pouvons les concevoir, que comme des changements de forme dans des choses substantiellement invariables. Nous ne pouvons nous abstenir de mettre, dans notre pensée, une différence réelle entre les accidents, les variations d'une chose, et la chose même qui éprouve ces variations. Une suite naturelle et nécessaire de ce principe, est, que, si parmi toutes les vicissitudes qu'éprouvent sans cesse les phénomènes, la substance reste sans aucune augmentation ou diminution de *quantité*, dans la nature; il est également impossible que de rien puisse naître quelque chose, ou qu'une chose puisse s'anéantir.

Principe de permanence.

La preuve de cette durée ou substance permanente ne peut pas plus être déduite de principes supérieurs, que celle des autres conceptions fondamentales. Comme toutes les autres, elle ne contient que la manière, dont nous sommes forcés de concevoir l'existence des

choses comme phénomènes. Aussi ces principes fondamentaux n'ont - ils de valeur que dans
la nature que nous connaissons, dans le monde
phénoménal; mais jusques - là, aussi, ils sont
d'une généralité et d'une nécessité absolue. Ce
qui prouve cette double assertion, c'est que
ces principes naissent de l'application que nous
faisons des formes ou lois primitives de notre
Entendement, aux lois de notre *Sensibilité*,
hors desquelles l'application des prèmieres, et
par conséquent, la pensée même, serait impossible.

*Principe
de succes-
sion.*
Suivant le principe de *succession*, connu
sous la dénomination de *raison suffisante*, tout
ce qui arrive, comme changement de phénomènes, doit avoir une cause, d'où découle
nécessairement ce changement, en vertu d'une
loi déterminée. Suivant le même principe, la
nature, ou la totalité des phénomènes, est
donc une série, une suite de divers états phénoménaux, qui se succèdent dans le temps,
sans interruption et suivant des lois nécessaires:
de sorte que chacun de ces divers états produit
celui qui le suit, aussi nécessairement qu'il
a été produit lui-même par celui qui l'a précédé.

*Principe
de simul-
tanéité.*
Le troisième principe de la *relation* est celui
de *simultanéité*, ou de *réciprocité*. Suivant
ce principe, il y a réciprocité d'action entre
toutes les substances, en tant qu'elles peuvent
être perçues simultanément dans l'espace. Il
est vrai, comme nous l'avons dit plus haut,
que,

que, par rapport au temps, comme forme de notre sens-intérieur, nous ne pouvons acquérir les perceptions, même les perceptions intégrantes des objets, que successivement ou l'une après l'autre. Cependant nous nous les représentons comme ayant lieu dans le même temps, toutes les fois que nous pouvons changer à volonté l'ordre successif de ces perceptions, sans être astreints à une détermination invariable de temps. p. ex. en considérant la terre et la lune, je puis, indifféremment, penser à la première de ces planètes, avant de penser à la seconde, ou bien, faire succéder dans ma pensée la considération de la terre à celle de la lune. En pareil cas, je conçois deux objets, comme existant dans le même temps.

Suivant ce principe de réciprocité, nous concevons les objets existant simultanément dans la nature, comme formant un tout, un assemblage immédiat d'objets, en liaison réciproque d'action.

Sur ces trois principes de la relation, repose *Ensemble* l'ensemble et l'unité de la nature, comme sur *de la nature.* autant de lois nécessaires, en vertu desquelles tous les phénomènes se lient dans leur existence *permanente*, *successive*, ou *simultanée*. Sans ces principes, il n'y aurait ni unité dans notre connaissance, ni ensemble dans notre expérience : puisque ce n'est que par eux, que nos perceptions se lient. Par eux, le volume

E

entier de nos connaissances cesse d'être un tas irrégulier de perceptions rassemblées au hasard ; il devient, au contraire, un corps complet, une sphère unique de connaissance donnée et développée, dans l'ordre de notre cognition originelle.

. Quoiqu'il ne soupçonne peut-être pas qu'il n'agit que conformément à ces lois, qui sont en lui ; l'esprit humain n'en admet pas moins constamment, dans la considération de la nature, une substance stable et permanente, au moyen de laquelle seule il est en état d'expliquer les changements accidentels, ou contingents. Il voit, dans la série des phénomènes, qui se succèdent dans le *temps*, une chaîne immense de causes et d'effets. A l'aide de ces premières données, il cherche la raison de chaque phénomène nouveau pour lui dans son état précédent, et suit, dans le rapport mutuel des objets existant simultanément, la trace de toutes ces forces, ou lois de la nature, en vertu desquelles seules le monde des phénomènes peut exister dans l'espace, comme un seul tout, et conformément à des lois à *priori*. C'est-à-dire : toutes ces lois primitives et fondamentales, que notre faculté de connaître tire de son propre fonds et de la nature même de son être, l'esprit humain les applique, dans la recherche de la nature, aux objets de notre connaissance, de manière qu'ils se mêlent et se confondent, machinalement et

L'entendement transmet ses propres formes aux phénomènes.

insensiblement avec le torrent de l'expérience, qui nous afflue de toute part; ils s'y amalgament même d'une manière tellement objective, en apparence, et si détachée de notre propre cognition, que ce n'est plus que par la force du raisonnement, que nous en revenons, à concevoir le monde des phénomènes tel qu'il est en effet, c. à d. comme ne pouvant avoir d'autres règles ni suivre d'autres lois, que celles que lui prescrivent nécessairement notre *entendement* et notre *sensibilité.*

L'examen des principes de la *relation* conduit naturellement à celui des principes de la *modalité.* Comme les catégories, dont ils dérivent, ne déterminent rien par rapport aux objets eux-mêmes; ces principes se bornent aussi à énoncer, par rapport à la conception d'un phénomène, l'action de *l'entendement*, d'où naît cette conception. Ce ne sont donc que des propositions relatives aux conceptions de possibilité, de réalité, de modalité.

Principes de modalité.

Ces trois, principes, comme lois de la nature, se présentent à nous sous les formes suivantes.

1. „ Tout ce qui s'accorde avec les formes ou lois fondamentales de notre *sensibilité* et de notre *entendement*, est *possible.*"

Possibilité.

2. „ Ce qui se trouve lié actuellement ou de fait à l'expérience, (laquelle n'est possible qu'aux conditions de l'accord avec les formes de la *sensibilité* et de *l'entendement*) est *réel.*"

Réalité.

Nécessité. 3. „ Ce , dont la liaison avec une chose réellement donnée , est déterminée suivant des conditions générales de l'expérience , existe *nécessairement.*"

Il est clair que ces principes n'ajoutent rien à la conception, que nous avons d'un objet. Soit que , suivant la catégorie de modalité, nous le considérions comme simplement *possible*, comme possible et *réel*, ou bien comme réel et *nécessairement existant* ; c. à. d. comme pouvant être, comme étant effectivement, ou comme étant nécessairement donné dans l'expérience : toujours la conception , que nous avons de cet objet, comme objet, reste pour nous la même. Ces principes de *modalité* n'expriment rien , par rapport aux choses, mais seulement le mode, suivant le quel, elles se lient avec notre connaissance. Je puis , p. ex. avoir d'une chose une conception complette , sans qu'il en résulte rien par rapport à sa *possibilité* simple , à sa *réalité* ou à la *nécessité* de son existence.

Possibilité et nécessité réelles, différentes de possibilité et nécessité logiques. En parlant de *possibilité* et de *nécessité*, il faut bien distinguer sur tout, la possibilité et la nécessité *réelles*, de la possibilité et de la nécessité *logiques* : ce n'est que de la première possibilité ou nécessité, qu'il s'agit, dans les principes de la *modalité*. Pour qu'une chose soit *logiquement* possible, il suffit qu'elle ne soit pas en contradiction avec elle-même ; p. ex. supposer dans notre ame la faculté de lire dans l'avenir, n'a rien de contradictoire en soi: la chose est logiquement possible. Cependant cette possibilité n'est pas réelle, parcequ'elle ne s'accorde ni avec les lois de notre *Sensibilité*, ni avec celles de notre *Entendement* ; accord si nécessaire, que, sans lui, il n'y a point d'expérience possible pour nous. Cette assertion, vraie, par rapport à la possibilité, ne l'est pas moins, relativement à la nécessité: la conception attributive de rondeur, p. ex. est, logiquement parlant, nécessairement liée à la conception de cercle; mais il n'y a point là de nécessité réelle, de cette nécessité, en vertu de laquelle un phénomène est *nécessairement* déterminé. Cette dernière espèce de nécessité ne peut avoir lieu, qu'autant qu'une expérience actuelle nécessite la liaison entre un phénomène et un autre chose donnée, comme tirant nécessairement d'elle son existence ; c. à d. la nécessité réelle ne peut avoir lieu, qu'au moyen de la liaison nécessaire de la cause avec l'effet.

Tous les principes, dont nous venons de parler, et qui sont dérivés de nos catégories, sont désignés, dans la *Philosophie critique*, par les dénominations scholastiques, qui ont le plus de rapport avec leur nature particulière et leurs divers modes d'application à l'expérience. Ainsi le principe de *quantité* y est appelé *axiome d'intuition*, comme applicable à toutes les perceptions dans le temps et dans

Dénominations particulières des principes fondamentaux.

Axiome d'intuition.

E 5

l'espace : parceque, au moyen de ce principe, on n'attribue aux phénomènes d'autre qualité ou détermination, que celle qu'ils empruntent du temps ou de l'espace; c. a. d. la proprié‑té, commune à ces deux formes pures de la sensibilité, d'être des grandeurs étendues.

Anticipa‑tion de l'observa‑tion. Le principe de *qualité* s'appéle *anticipation de l'observation*, c. à d. conception qui précède en nous toute observation : parceque ce prin‑cipe énonce une *connaissance pure*, qui doit se trouver en nous, avant que nous puissions observer quelque phénomène que ce soit : car dans chaque observation, ou perception accom‑pagnée de conception , se trouve un certain degré de réalité, dont il est évident que nous ne pourrions avoir la conscience , s'il ne se trouvait antérieurement en nous une connais‑sance pure, qui quadrât avec cette expérience.

Analogies. Principes de *rélation.* Ces principes portent le nom d'*analogies*, c. a. d. convenances de l'expérience. On les distingue en analogies de *durée*, de *suite*, de *simultanéité*. Au moyen de ces analogies , notre connaissance pure se trouve liée *à priori* dans notre ame, d'une manière, avec laquelle s'accorde et doit nécessairement s'accorder la liaison de notre connaissance , relativement à l'existence , ou plutôt au fondement de l'existence des phéno‑mènes; parceque, ces analogies pures, dans notre ame, étant la condition de cette liaison dynamique dans la nature, celle‑ci ne pour‑

rait avoir lieu, sans l'existence antérieure des premières.

Enfin les principes de la *modalité* portent le nom de *postulats* de la conception empirique, ou d'expérience (conception empirique est opposée à conception pure). Cette dénomination de postulats, ou principes exigés par la conception empirique, est fondée sur ce qu'il nous est impossible, dans l'expérience, de rien concevoir relativement aux phénomènes qu'elle nous offre, sans rapporter ces phénomènes à un ou plusieurs de ces principes *modaux, possibilité, réalité, nécessité.*

Postulats de la conception empirique.

Dans l'ensemble de ces principes fondamentaux, est réuni le système complet de la connaissance de notre *Entendement-pur*. Il est à remarquer cependant, qu'avec le secours des *catégories* seules, nous ne sommes pas en état de concevoir la possibilité des phénomènes : les catégories ne sont que les formes de la pensée, et pour penser des phénomènes, nous sommes toujours obligés de recourir à notre *Sensibilité*, et d'en emprunter des perceptions, pour leur appliquer objectivement nos catégories, et donner ainsi une réalité objective à ces conceptions-pures. Prenons pour exemple les catégories de la relation, et demandons-nous : comment une chose peut-elle être substance ? Comment, de ce qu'une chose existe, résulte-t-il nécessairement l'existence d'une autre chose ; c. à d. pourquoi doit-il y avoir

Ensemble de la connaissance de notre entendement-pur.

Insuffisance des catégories sans perceptions.

une cause ? Ou bien, pourquoi des choses existant simultanément doivent-elles agir ou influer réciproquement les unes sur les autres ? Il est impossible de résoudre ces questions avec le secours des simples conceptions.

Il en est de même des autres catégories. Comment une chose peut-elle être une, ajoutée à d'autres choses; c. à d. comment une chose peut-elle être *quantité ?* etc. Aussi long-tems qu'on n'applique pas ces conceptions aux perceptions de la *Sensibilité*, on ne peut s'assurer que par les catégories on conçoive quelque objet, ni même qu'il puisse y avoir un objet, qui quadre tellement avec ces catégories, qu'il puisse être conçu par elles : ce qui prouve que les catégories en elles-mêmes nous fournissent seulement des formes pour penser, avec la connaissance qui en découle; c. à d. des formes, au moyen desquelles les perceptions données peuvent être conçues et connues par nous. Il est donc évident, que des catégories seules, il ne peut résulter aucuns principes fondamentaux, à moins qu'on ne les applique aux perceptions pures de la *Sensibilité*, qui sont le temps et l'espace; de même qu'il est impossible de prouver un tel principe, avec le seul secours des catégories.

C'est uniquement parceque les perceptions immédiates de notre *Sensibilité* sont précisément de nature à pouvoir être reçues dans les formes catégoriques, et parceque les catégories de *l'Entendement* sont réciproquement propres à être appliquées à ces perceptions, que nous acquérons la connaissance des objets qui nous sont ainsi donnés. Avec le secours de cette proposition générale : ,, tout être contingent a une cause de son existence ,'' on parviendrait tout au plus à prouver , que , sans ce rapport, nous sommes incapables de concevoir l'être contingent. Mais, de ce que nous ne pouvons concevoir autrement l'existence contingente , il ne s'ensuit aucunement, que cette condition absolue de notre conception soit de même une loi irréfragable pour les choses en elles-mêmes, une condition indispensable de leur possibilité. Concluons donc, *Principes fondementaux, applicables seulement aux objets de l'expérience.* que la vérité des principes fondamentaux , que nous venons de citer , et de tous les autres, ne peut se prouver, qu'en les appliquant à des objets, tels que l'expérience peut nous les offrir, et qu'au de-là de cette expérience, ils ne sont plus susceptibles de preuve.

En réfléchissant mûrement à ce qui vient d'être dit, on est forcé d'avouer, qu'avec le secours de ces principes , nous ne pouvons parvenir, tout au plus, qu'à la connaissance *Notre connaissance bornée aux phénomènes.* des objets sensibles ou des phénomènes, sans jamais atteindre à celle des choses en elles-mêmes, des êtres intellectuels. Munis de ces principes, nous pouvons interroger la nature, l'épier jusque dans ses retraites les plus cachées, et suivre la chaîne interminable de ses *Usage des principes fondamentaux.*

E 5

inépuisables variétés et de ses productions toujours nouvelles, sans que nous cessions de
Erreur, pouvoir échapper à l'erreur. Mais, voulons-
inévitable nous nous servir des mêmes principes, pour
dans la pénétrer jusque dans l'essence des choses en
recherche elles-mêmes; avons-nous la présomption de
des choses fonder sur eux des assertions qui ont pour
en elles- objet des choses faites pour échapper à jamais
mêmes. à notre intuition: ils nous échappent des mains
à chaque pas, ou nous servent, tout au plus,
à construire un labirinthe d'erreur et de déraison, dans lequel nous ne rencontrons que
contradictions, et qui aboutit enfin nécessairement à un scepticisme absolu.

Parvenu à ce terme de l'analyse des facultés
intellectuelles de l'homme, ,, nous avons,"
Domaine dit le philosophe Allemand (Crit. der R. V.
de l'enten- S. 294.) ,, non-seulement parcouru le domaine
dement- ,, de *l'Entendement-pur*, et examiné avec atten-
pur. ,, tion chacune de ses parties : nous l'avons
,, aussi exactement mesuré, et nous y avons
,, assigné à chaque objet la place qui lui
,, appartient. Cependant ce domaine est une
,, île; la nature lui a assigné des bornes inva-
,, riables. C'est l'empire de la vérité; mais il
,, est environné d'une mer vaste et orageuse,
,, où vogue sans cesse l'illusion. Là, le navi-
,, gateur, trompé par les brouillards et les
,, bancs de glace, qui paraissent et disparais-
,, sent successivement à sa vuë, croyant à
,, chaque instant découvrir des terres nouvelles,

„ erre sans relâche, guidé par la seule espé-
„ rance, et jouet des vagues tumultueuses,
„ toujours formant de nouveaux desseins,
„ toujours se préparant à de nouvelles expé-
„ ditions, auxquelles il ne peut renoncer, et
„ dont cependant il n'atteindra jamais le but.
„ Avant de parcourir ce vaste océan, pour *Le domai-*
„ voir si dans son immense étendue il y a *ne de l'En-*
tendement-
„ quelque chose à espérer; nous ferons bien *pur peut-*
il, ou doit-
„ de jetter encore une fois les yeux sur la *il même*
nous suffi-
„ carte du pays que nous voulons quitter, *re?*
„ et de nous demander, premièrement, si
„ nous ne pourrions pas, ou peut-être même
„ si nous ne devons pas nécessairement nous
„ contenter de ce qu'il nous offre: dans le
„ cas, p. ex. qu'il n'y ait point, au de-là de
„ ses limites, de point fixe, où nous puissions
„ prendre terre? en second lieu, de quel droit *Quels sont*
nos droits
„ nous sommes en possession de ce domaine, *au domai-*
ne de l'En-
„ et si ce droit nous en assure la possession *tendement-*
„ contre toute réclamation étrangère." —— *pur?*
Nous allons répondre succinctement à ces deux
questions.

Nous avons vu, en faisant l'analyse de *l'En-* *Réponse*
à la pre-
tendement-pur, que tout ce que notre *Enten-* *mière*
question.
dement produit antérieurement, c.-à-d. de
lui-même et sans avoir recours à l'expérience,
n'est d'usage qu'autant qu'on en fait l'application à l'expérience, et par conséquent, que
rien de ce qui est absolument exclus de cette
expérience, ne peut être assumé dans les formes

de notre *Entendement*. Or les seuls objets, dont l'expérience soit au moins possible pour nous sont des phénomènes ; et les phénomènes, comme nous l'avons vu, ne sont que des représentations de choses, au moyen des formes de notre *Sensibilité*, c.-à-d. dans le *temps* et dans *l'espace*. Le *temps* et *l'espace* sont des formes, qui n'appartiennent pas aux objets, mais dont les revêt nécessairement notre *Sensibilité* ou manière originelle de les percevoir.

Impossibilité pour nous de connaître les choses en elles-mêmes. Pour connaître les choses, non telles qu'elles nous apparaissent, mais telles qu'elles sont en elles-mêmes ; il faudrait que ces choses, au-lieu d'être transmises à notre perception, au moyen des formes originaires de notre *Sensibilité*, pussent être apperçues par nous directement, c. à d. indépendamment de toutes formes appartenant à notre cognition, et de toute condition, ou modification quelconque. Alors, et seulement alors, nous serions assurés, qu'avant de parvenir à notre connaissance, ces choses n'ont éprouvé aucune altération, ou plutôt, n'ont pas éprouvé un changement total, de la part des formes de perception qui nous sont propres. Mais il est clair, que nous devrions être, pour cela, doués d'une faculté différente de notre *Sensibilité* et de notre *Ententement* : l'une de ces deux facultés se bornant à recevoir passivement les impressions des objets, conformément et subordonnément à ses formes ; tandis que l'autre, incapable de percevoir, ne peut que concevoir, et se trouve encore tellement bornée dans ses opérations, qu'elle ne peut concevoir, penser, juger, qu'en faisant l'application de ses catégories aux perceptions de la *Sensibilité*. Bornés nous-mêmes à la *Sensibilité* et à *l'Entendement*, quelle *conception* pourrions-nous nous former de choses, auxquelles nous ne pouvons faire l'application de nos *conceptions* formelles ou catégories, premiérement parceque nous manquons de matière, c. à d. de perceptions ; en second lieu, peut être, parceque nos catégories elles-mêmes ne sont pas propres à leur être appliquées ? car c'est là de quoi nous ne pouvons jamais nous assurer. Mais, supposé encore qu'elles fussent propres à être appliquées à de tels objets ; faute d'avoir les perceptions de ces objets, nos catégories seraient toujours vuides. Dans un aveugle, p. ex. les catégories sont, comme dans ceux qui jouissent de la vuë, propres à subsumer les perceptions de lumière et de couleur, à les réunir, à les concevoir : mais à quoi lui sert cette aptitude, tandis qu'il ne peut acquérir les perceptions des objets éclairés et colorés ? Les catégories de l'aveugle sont, si l'on veut, des instruments, qu'il ne peut employer, faute de matériaux. Poursuivons.

Les principes fondamentaux de *l'Entendement pur*, tant mathématiques, que dynamiques, ne naissant qu'au moyen de l'application des catégories aux perceptions pures de la *Sensibilité*, n'expriment aussi qu'un *schema*, une espece de contour général, fait pour être appliqué précisément à tout les objets, dont l'expérience est possible pour nous. Ces principes déterminent, par conséquent, l'ensemble de toute notre connaissance ; de manière, que, d'un côté, il ne peut y avoir pour nous d'expérience, que conformément à ces principes et dépendamment d'eux, comme des seules sources, d'où découle toute notre connaissance : tandis que , d'un autre côté ces mêmes principes, dérivant tout à la fois de la *Sensibilité-pure* et de *l'Entendement-pur* , n'ont de valeur que dans le monde sensible, dans le monde des phénomènes, dont le *temps* et *l'espace*, sont les bases uniques. Ceci posé est dûement éclairci, il est aisé de résoudre la première des deux questions, que nous nous sommes proposées : ,, Ne pouvons-nous pas, et ne devons-nous pas même nous borner à ce que nous offre le domaine isolé de *l'Entendement-pur*?'' Nous répondrons, qu'il circonscrit nécessairement la sphère de toute notre connaissance : tandis qu'il est de sa nature de ne nous offrir que des phénomènes. Passons à la seconde

Réponse à la seconde question. Question : ,, De quel droit possédons-nous ce domaine de *l'Entendement-pur*?'' Après ce que nous avons dit plus haut , il n'est pas plus difficile de résoudre ce second problème. Nos droits sont incontestables , sans doute : puisque notre possession est fondée sur la nature même de notre être. C'est pour nous une acquisition originelle : car *l'Entendement-pur* ne peut nous être acquis au moyen des objets de l'expérience ; au contraire, ce n'est qu'au moyen de *l'Entendement-pur* lui-même, que ces objets parviennent à notre connaissance. Aussi n'est-ce que dans l'expérience seule, que les principes, ou thèses fondamentales de *l'Entendement-pur*, ont une valeur objective. C'est pour cette raison, que les mathématiques pures et la physique pure ne peuvent jamais aller au de-là des simples phénomènes, ni nous offrir autre chose, que ce que l'expérience en général rend possible, ou bien ce qui, après avoir été déduit de ces principes, doit toujours pouvoir s'offrir à nous, dans l'une ou l'autre expérience possible.

Cependant, si nous remontons jusques à l'origine de nos catégories, desquelles découlent les principes fondamentaux de *l'Entendement-pur*, (qui sont, par rapport à nous, autant de lois de la nature) nous trouverons que ces catégories, dans leur origine, ne sont pas liées aux formes de la *Sensibilité*, au *temps* et à *l'espace*, ni, comme ces dernières, fondées sur la nature de cette faculté passive ; mais qu'elles découlent, au contraire, d'une source toute différente, d'une faculté active. Il semble donc, qu'elles sont d'un ordre supérieur, et que leur influence ou leur jurisdiction devrait s'étendre bien loin au de-là de l'empire des sens. Mais si nous les séparons de toute *Sensibilité*,

Nos catégories ont une autre source, que les formes de notre Sensibilité.

Erreur qui naît de cette différence.

elles ne sont plus que des formes, des lois de la pensée, qui possédent uniquement la faculté logique de rassembler et de lier les perceptions diverses de la *Sensibilité* : de sorte, que, par elles-mêmes, et dépouillées de l'unique espèce de perception qui soit possible pour nous, elles signifient moins encore, que les formes de la *Sensibilité-pure*, ou lois de la perception. Néanmoins il arrive souvent, qu'en parlant d'objets sensibles, de phénomènes, nous faisons une distinction entre leur manière d' tre en eux-mêmes, et la manière dont ils existent par rapport à nous, ou notre manière de les percevoir. Alors il arrive de deux choses l'une : ou nous nous figurons les choses, telles qu'elles sont en elles-mêmes, quoique, comme telles, elles échappent nécessairement à notre perception ; ou bien nous nous représentons des choses toutes différentes, et dont nos sens ne peuvent recevoir aucune impression, comme autant d'objets, qui ne sont propres qu'à tre pensés par *l'Entendement*, des objets intellectuels, des *noumena*, par opposition aux objets des sens ou phénomènes. Or il est question de savoir, si nos catégories n'ont point de valeur par rapport à ces objets intellectuels, et si elles ne pourraient pas, sans le secours, de la *Sensibilité*, qui ne peut être d'aucun usage en pareil cas, nous procurer à ce sujet un genre de connaissance, qui leur soit propre.

Entendons-

Entendons-nous, par être intellectuel, une *Concep-* chose, telle, qu'elle *ne* puisse être *apperçue* *tion de* par nous, quoique nous en recevions quelque *l'être in-* impression : nous ne la concevons alors que *tellectuel,* *à quoi elle* négativement ; nous disons, non ce qu'elle *se borne.* est, mais ce qu'elle n'est pas, et nous donnons simplement à connaître qu'un être intellectuel n'est pas un phénomène. Ou bien, entendons-nous par-là un objet, qui peut être *apperçu*, non par une perceptibilité sensible, mais par une sorte de perceptibilité intellectuelle, telle que n'est point la nôtre, et de laquelle, par conséquent, nous ne pouvons recevoir, de perceptions : alors nous ne concevons qu'une chose supposée ; quoiqu'il ne nous soit pas même possible de concevoir la possibilité d'un tel genre de perception. Mais, dans l'un, comme dans l'autre de ces deux cas, nos catégories manquent de perceptions, les seuls matériaux, sur lesquels elles puissent opérer, et sans lesquelles elles sont insignifiantes et de nulle valeur. Car dans le premier cas, nous entendons, par être intellectuel, une chose, telle qu'elle est en elle-même, et par conséquent, telle qu'il nous est impossible d'en avoir la perception : dans l'autre, nous entendons une chose, qui ne peut être perçue, que par une faculté, que nous n'avons pas. Concluons donc, que l'emploi de nos catégories ne peut s'étendre au de-là des bornes de l'expérience, et que

F

la conception vague d'être intellectuel ne fait, tout au plus, qu'indiquer les bornes respectives de la *Sensibilité* et de *l'Entendement*. Au moyen de cette conception vague, se trace, en quelque sorte, une ligne de démarcation entre la *Sensibilité*, qui voudrait étendre son empire sur tout ce que *l'Entendement* conçoit; et *l'Entendement* lui-même, qui reconnaît qu'il ne peut rien concevoir au de-là des êtres sensibles, et pour qui les choses en elles-mêmes ne sont que des inconnues.

DE LA RAISON.

Nous avons vu, qu'outre la *Sensibilité* et *l'Entendement*, nous sommes doués d'une troisième faculté, supérieure aux deux autres: *Destination de la raison.* c'est la *Raison*. La *Raison* est destinée à ramener les objets ou la matière de la perception, au plus haut point d'unité de la pensée : ce qu'elle fait, en tirant des conséquences particulières, des jugements ou des règles de *l'Entendement*. Or ces règles étant ou des jugements de l'expérience, ou des principes de *l'Entendement-pur*, on peut, à cet égard, appeler la raison, la faculté, qui donne à la connaissance d'expérience une régularité suivie et une unité *systématique*.

Raisonture. La *Raison* cependant ne s'arrête pas là; mais elle tend sans cesse à franchir les bornes de l'expérience, et veut tirer de son propre fonds

de nouvelles conceptions, de nouveaux principes, indépendants de la *Sensibilité* et de *l'Entendement*. Cette faculté créatrice de la *Raison*
se nomme *Raison-pure :* car il est évident que,
pour rendre possible cette création de conceptions, il doit se trouver en nous une aptitude
originelle; de même que la *Sensibilité-pure* et
l'Entendement-pur précedent nécessairement en
nous les opérations de ces deux facultés.

La *Raison* est la faculté de déduire, de *Définition de la* principes généraux, des conséquences particu- *Raison.*
lières; c. à d. de fonder la conception d'une
chose particulière sur une conception plus générale. On pourrait dire aussi, quoique cette
manière de s'exprimer soit moins usitée, qu'elle
est la faculté de déduire, de *causes* de raison, *Autre définition.* des *effets* de raison, au moyen d'un *milieu*,
qui sert de lien entre ces causes et ces effets.
Il suffira d'un exemple, pour rendre sensible
cette définition. *Cause*, ou *majeure : Tout ce*
qui a eu un commencement, doit avoir une
fin. Mineure ou *milieu :* Or *l'homme a eu un*
commencement. Conclusion ou *effet : donc l'hom*
me doit avoir une fin. Ici la troisième proposition est un effet de la première, produit
au moyen de la seconde : elle emprunte de la
mineure, la conception d'*homme*, pour la concevoir ainsi en réunion avec la conception
d'être qui doit avoir une fin, contenue dans
la majeure.

Pour déduire ainsi des conséquences parti

culières, il faut donc à la *Raison* des principes
généraux; et pour déduire, comme effets ou
conséquences, des propositions générales, il
lui faut des causes ou principes plus géné-
Généralité raux encore. Aussi en cherche-t-elle par-
Inconditionnelle. tout, toujours remontant de l'effet à sa cause,
de la conséquence à son principe; jusqu'à ce
qu'enfin elle se trouve arrêtée à un principe
tellement général, qu'il ne dérive d'aucun autre
principe, à une condition tellement inconditionelle qu'elle ne dépende absolument d'aucune
autre. Généralité absolue ou inconditionnelle
est donc le point, où vont se réunir toutes
les opérations de la *Raison*. De ce point,
comme d'un premier principe, partent toutes
ses conceptions: les conceptions de la raison
sont donc elles-mêmes autant de principes
Premier inconditionnels. Ce premier principe de la
principe
de la Rai- *Raison*, qui sert de fondement à tous les autres,
son. s'énonce de la manière suivante: „ Le *con-*
„ *ditionnel* étant donné, avec lui est donnée
„ la chaîne entière des *conditions*, et par con-
„ séquent aussi l'*inconditionnel*, compris dans
„ la totalité de ces conditions." Ce principe
absolu, complet, inconditionnel, ayant sa
source dans l'essence de la *Raison* même, est
la conception pure et première de la *Raison*,
le fondement de toute unité de *Raison*. Cette
conception, ou cette *idée* de l'inconditionnel
peut être rendue relative de trois manières :
en l'appliquant 1. au sujet qui conçoit, au

moi pensant ; 2. aux objets sensibles , aux phénomènes; et 3. aux choses en général. De-là trois différentes classes, auxquelles se rap-portent toutes les *idées* ou conceptions de la *Raison ;* savoir: l'idée du sujet ou du *moi* pensant, objet de la *psychologie* ou connais-sance de l'ame; l'ensemble de tous les phéno-mènes, l'idée de l'univers, objet de la *cosmo-logie ;* enfin, ce qui, comme condition suprême de la possibilité des êtres, renferme tout ce qui peut être conçu, le fondement de tout être, objet de la *théologie.* — Il y a donc en général trois sortes d'idées de la *Raison;* idées psychologique, cosmologique, et théologique.

Psychologie.

Cosmologie.

Théologie.

Ces *idées,* ou conceptions pures de *l'ame,* de *l'univers,* de *Dieu,* sont indispensables à la *Raison,* pour mettre de l'union dans les conceptions de *l'Entendement,* et porter ainsi notre connaissance à son plus haut point de perfection. Les conceptions de *l'Entendement* ne peuvent se lier et former un tout systé-matique, qu'au moyen des idées de la *Raison;* sans elles, les conceptions pures de *l'Enten-dement* resteraient éparses, isolées dans notre ame : quoique, enlevées, pour ainsi dire, par le torrent de l'expérience et confondues avec elle , elles semblent à nos regards former , avec les principes purs qui en découlent, un juste ensemble , un tout régulier et parfait. Comme la *Raison* exige nécessairement la même justesse et la même complétion parfaite (car

L'ame, l'univers, Dieu, sont des idées.

Nécessité des idées.

généralité constitue son essence ;) elle nous force d'adopter ces *idées*, comme autant de conceptions auxiliaires, mais en même temps nécessaires pour compléter l'arrondissement de notre connaissance. Et comme, au moyen de ces idées, cet arrondissement indispensable s'accomplit effectivement ; elles fixent invariablement les bornes de notre connaissance, de sorte, qu'au de-là de ces limites, il n'existe plus que des chimères, enfants d'un délire spéculatif.

L'existence des idées ne peut être prouvée.
L'existence des choses, auxquelles ces idées sont relatives, est impossible à prouver. Cette assertion se prouve évidemment par ce qui en a été dit. Puisque c'est la *Raison*, qui nous donne ces *idées*, en même temps qu'elle nous force à les adopter pour ramener nos principes à l'unité et leur donner une généralité absolue: il est clair qu'elles ne peuvent être le résultat de conséquences légitimement déduites. Nous ne remontons jamais des conséquences aux principes ; au contraire, nous partons des principes, pour descendre aux conséquences ; puisque chaque conséquence étant un effet de *Raison*, doit avoir sa source dans un principe supérieur, comme cause de *Raison*. Or ces *idées* étant des conditions premières, des principes tellement supérieurs à tous autres principes, qu'ils ne dépendent absolument d'aucune autre condition : il est impossible à la *Raison* de les acquérir au moyen

de déductions ou de conclusions légitimes. En adoptant ces *idées* comme premiers principes, la *Raison* procède d'une manière non-seulement différente de la route du raisonnement, mais qui lui est diamétralement opposée. Toutes les fois que *l'Entendement* lui présente une conception comme principe ou condition, elle exige une condition antérieure à celle-là, un principe du principe, et ainsi de suite; jusqu'à ce que, de principe en principe, et de condition en condition, elle se trouve arrêtée à une condition, qui ne dépend plus d'aucune autre; et comme elle ne peut procéder ainsi à l'infini, elle franchit tout d'un coup l'intervalle de toutes les conditions intermédiaires et achève la série entière, en assumant, par tout où elle trouve des principes, un principe non-conditionné, y relatif, comme base ou condition première.

Lorsque, partant des formes de nos jugements, nous sommes remontés à nos catégories, c.-à-d. aux sources de ces jugements; nous avons vu, que, suivant la forme de *relation*, *l'Entendement* forme trois espèces de jugements : d'abord des jugements *catégoriques* ou positifs; et dans ces jugements se présentent deux conceptions, celle du *sujet*, ou de la chose en question, et celle du *prédicat* énoncé comme attribut du sujet. Ou bien *l'Entendement* forme un jugement *hypothétique* ou suppositif, lequel renferme deux propositions, dont l'une y est énoncée comme cause de l'autre, tandis que celle-ci y est présentée comme suite ou effet de la première. Ou enfin *l'Entendement* forme un jugement disjonctif, par lequel l'ensemble de toute la connaissance possible, relativement à une chose, se trouve déterminé en entier dans un aggrégat de parties intégrantes, conçues comme formant un tout complet et comme agissant mutuellement les unes sur les autres. Dans la première de ces trois espèces de jugements relatifs, le sujet est la condition du prédicat; dans la seconde, c'est la cause qui est la condition de l'effet; et dans la troisième, c'est la totalité absolue de la connaissance possible, par rapport à la chose conçue, qui est la condition de l'intégrité complette de cette conception. Cette totalité doit consister dans l'aggrégat ou assemblage de toutes les parties de la connaissance possible au sujet de la chose conçue, et être tellement complet, qu'il renferme la sphère entière de toute cette connaissance, sans qu'il soit possible d'y rien ajouter (*).

Formation de l'idée psychologique. La *Raison* exigeant, à chaque condition, une inconditionelle, remonte, suivant la forme *catégorique*, jusques à un sujet, qui n'est lui-même le prédicat d'aucun autre sujet, et parvient ainsi à l'unité absolue et inconditionelle du sujet, au MOI pensant, comme substance invariable, dans laquelle les phénomènes, comme

_____

(*) Voyez, pag. 45, ce que nous avons dit des jugements disjonctifs.

simples attributs, subissent toutes leurs variations, tandis que la substance pensante, ou le
MOI, reste constamment invariable.

Suivant la forme *hypothétique*, la *Raison* *De l'idée cosmologi- que.*
remonte jusques à un principe, qui ne découle
lui-même d'aucun autre principe, en saisissant
tout d'un coup la chaîne entière des causes et
des effets, l'unité complette et absolue de la
série des conditions des phénomènes.

Enfin, suivant la forme *disjonctive*, la *Raison* *De l'idée théologi- que.*
embrasse la totalité absolue de toute existence
possible et concevable, se forme ainsi *l'idée* de
l'unité absolue des conditions de tous les êtres
qui peuvent être conçus, et pose cette unité,
comme base première de toute existence possible.

Ces trois *idées* ont elles-mêmes, pour base *Les idées fondées sur l'uni- versalité de la Rai- son.*
commune, le principe fondamental de l'unité
de *Raison*, qui embrasse toutes les conditions:
,, où le conditionnel est donné, là est aussi
,, donnée la série entière des conditions, et
,, avec elle l'inconditionnel lui-même.

Les trois inconditionnelles, auxquelles la *L'incondi- tionnel n'est point une pure chimère.*
Raison s'élève, dont elle a besoin, et qu'elle
est forcée, par sa nature, d'embrasser pour
completter la connaissance de *l'Entendement*,
ne peuvent nous être données dans l'expérience,
ni, comme nous l'avons dit plus haut, être
prouvées rigoureusement, ou, comme KANT
s'exprime, apodectiquement démontrées. Cependant elles ne sont rien moins que chiméri-

ques; et les idées, qui en découlent, sont loin de se borner à des phantômes de l'imagination. Au contraire, ce sont autant de données, qui tiennent essentiellement à la disposition naturelle et à la forme invariable de notre *Raison*; et si nous ne pouvons les réaliser, cette impuissance n'est que *subjective* et ne doit être attribuée qu'aux bornes étroites, qui circonscrivent notre cognition, dans l'économie présente de notre existence. Leur liaison avec notre *Raison* est même si manifeste, qu'elles en sont absolument inséparables dans l'usage pratique de cette faculté, où elle seule est la législatrice de nos actes moraux. Nous ne considérons pas ici la *Raison* sous ce dernier rapport, notre plan se bornant uniquement à son usage speculatif. — Quoiqu'il en soit; si ces idées ne peuvent se réaliser actuellement pour nous, si l'existence des objets, tels que la *Raison* les considére dans ses idées, ne peut être rigoureusement démontrée, faute de principes donnés, dont ils puissent être dérivés : il n'en est pas moins vrai cependant, que les philosophes de tous les temps se sont efforcés de parvenir à cette démonstration.

Raison pratique.

La conception de notre ame, ou du MOI pensant — la conception de l'univers — et celle de l'être des êtres, de la Divinité, toutes dérivées des trois formes de nos jugements, et des conséquences qu'en tire la *Raison*, sont devenues ainsi des objets de recherche pour cette *Raison* même, trois différentes branches d'une science, appelée *métaphysique*; on leur à donné en particulier les noms de *psychologie*, science de l'ame, de *cosmologie*, science de l'univers, et de *théologie*, science ou connaissance de Dieu. Chacune de ces sciences prétendues s'approprie certaines propositions, comme autant de conclusions tirées de ses prémisses. Mais, comme ces prémisses elles-mêmes sont des propositions transcendentales, il est clair que, lorsqu'on prétend en déduire des conclusions, on ne fait en effet que conclure, d'une chose inconnue, puisqu'elle passe les bornes de l'expérience, à une autre chose, dont nous n'avons aucune conception; quoique, séduits malgré nous par les apparences, nous lui attribuïons une réalité objective. De sorte que, par rapport à leurs résultats, ces conclusions méritent plutôt d'être regardées comme des jeux de l'esprit, que comme des conclusions de la *Raison:* quoique, par rapport à leur origine, elles méritent assurément cette dernière dénomination. En effet, elles ne sont pas dûes à la fiction ou simplement contingentes en nous; au contraire, elles ont leur source dans notre *Raison* même, et découlent nécessairement de sa nature, ou des propriétés qu'a cette faculté en nous et pour nous : tandis que les *idées*, auxquelles elles se rapportent, appartiennent à l'essence de notre cognition, et à son usage subjectif, aussi bien que les formes de notre *Sensibilité* et de notre

Métaphysique.

Prémisses transcendentales des sciences métaphysiques.

Fausses conséquences objectives.

Entendement. Néanmoins, comme ces conclusions ont pour objet quelque chose de plus élevé que cet usage simplement subjectif, puisqu'elles tendent à établir la réalité objective des *idées* métaphysiques : elles ne sont que des jeux de la *Raison*, des sophismes de la *Raison pure* elle-même, dont les esprits les plus éclairés ont peine à fuir l'illusion.

_ Ces conclusions de la *Raison-pure* sont de

Simplicité de l'ame. trois espèces. 'Suivant la première, nous concluons, de la conception (*transcendentale*, ou supérieure à toute expérience, de notre être pensant, laquelle ne contient rien de multiple, à l'unité absolue ou simplicité de cet être lui-même, dont nous ne pouvons acquérir aucune conception. Cette conclusion, que KANT a nommée *paralogisme transcendental*, ou sophisme de la *Raison* qui s'élève au-dessus de toute expérience, sert de fondement à la psychologie.

Universalité du monde. La seconde espèce se fonde sur la conception *transcendentale* d'une complétion ou totalité absolue de la série non-interrompue des conditions d'un phénomène donné, en général. L'unité, qui embrasse la totalité absolue de ces conditions ne pouvant s'offrir à notre esprit, que de deux manières, qui s'excluent mutuellement, c. à d. que nous concevons comme contradictoires; nous concluons, de la réjection de l'une, à la vérité de l'autre : quoique nous ne puissions également nous former, de celle-ci, qu'une conception contradictoire.

L'état, ou se trouve la *Raison-pure*, balancée *Antino-mie.* entre ces deux conclusions, qu'elle est forcée d'admettre, et qui, du moins, en apparence, s'excluent mutuellement, est appel'e, dans la *Philosophie-critique*, *antinomie* (opposition réciproque des lois de la raison.) Ces antinomies se présentent, dans la *cosmologie*, sous la forme de thèses et d'anthithèses. Enfin, suivant la troisième espèce des conclusions de la *Raison-pure*, nous concluons, de 'a totalité des conditions, ou des objets, en général, pour autant qu'ils peuvent être conçus, à l'unité absolue de toutes les conditions de la possibilité des choses, en général (quoique nous n'ayons absolument aucune connaissance de ces choses, considérées en elles-mêmes et indépendamment de notre manière de les connaître) à l'être des êtres, comme fondement ou condition inconditionelle de l'existence de tous les êtres : quoique cet être suprême nous soit moins connu encore, et que nous n'ayons absolument aucune conception de sa nécessité inconditionelle. KANT le nomme *idéal de la Raison-pure*. *Idéal de la Raison-pure.* C'est à nous élever jusqu'à cet idéal, que se destine la branche de la métaphysique, appelée *théologie* de la raison. Ecla'rcissons ce qui vient d'être dit, et commençons par la discussion du sophisme de la *psychologie* raisonnable.

Dans ce premier sophisme, nous concluons, *Sophisme psycholo-gique.* comme nous l'avons déja dit, de la *conception du sujet pensant*, à *l'existence déterminée* de ce

La concep-
tion de l'ê-
tre pen-
sant un at-
tribut.

sujet. Mais une conception n'est qu'un prédicat, un attribut, qu'on applique à une chose,
ou sous lequel on assume une chose, comme
sujet. Ainsi j'assume la rose sous la conception ou sous le prédicat de fleur : car une
conception n'est pas une chose existant en
elle-même, mais seulement un attribut co-
existant avec telle ou telle autre chose. Ainsi
la conception que je me forme de *moi*-même,
comme être pensant, la conception énoncée
dans ce jugement: *je pense*, n'est aussi qu'un
attribut, un prédicat, dont je fais l'applica-

Illusion
qui naît de
la con-
science du
MOI.

tion à M O I, comme être pensant. Néanmoins
la conscience de nous-mêmes, ce sentiment
intime de notre être, qui, malgré toutes les
variétés contingentes, que subit notre état intérieur, reste constamment le même, fait que
nous regardons ce sentiment constant et invariable de nous-mêmes, dans lequel se retrouve
toujours le M O I et le même M O I, comme
un sujet, qui n'est à son tour le prédicat
d'aucun autre sujet, comme une substance.
De sorte, qu'il nous paraît que toutes nos
conceptions, toutes nos pensées, ne sont,
par rapport à ce M O I, qu'autant de prédicats
ou d'attributs, dont ce M O I lui-même est
constamment, et substantiellement le sujet ;
sans qu'on puisse assigner d'autre sujet, dont
il soit lui-même le prédicat. Ensuite de
cette illusion, nous croyons voir en nous-
même le sujet *inconditionnel;* et nous l'adop-

tons, non comme la simple IDÉE d'une substance pensante, qui n'aurait qu'une valeur ou
représentation subjective; mais comme la substance elle-même, comme ayant une valeur
objective, une existence réelle et indépendante
de notre manière de nous la représenter.

C'est ainsi que nous acquérons de notre
MOI une conception *transcendentale*, c. à d.
qui passe toute expérience: on pourrait l'appeler la conception pure de notre *ipséité*, *Ipséité.*
considérée comme simple apperception de nous-
mêmes, sans aucune détermination, que par
rapport à nous.

A cette conception transcendentale du MOI,
comme sujet, nous n'attribuons aussi que
des prédicats de la même espèce. En suivant
le fil des catégories, et commençant par la
conception fondamentale de *substance*, qui
présente à l'esprit une chose en elle-même,
ces prédicats se présentent à nous, dans l'ordre, que nous allons indiquer:

1. L'ame est une *sub-stance*,	**4.** Considérée dans son rapport avec les objets possibles, dans l'espa-ce, elle est l'opposé des phénomènes, dont nous n'acquérons la connaissance, qu'au moyen de l'existence de notre ame.
2. Par rapport à sa qualité, *simple*;	
3. Par rapport à la suc-cession dans le temps, la même en nombre, *une* (non multiple.	

Prédicats transcen-dentaux de l'être pen-sant.

De ces quatre éléments, et sans autre véhicule que leur combinaison seule, découlent
toutes les conceptions, dont on fait usage
dans la *psychologie* ; elles ne dérivent d'aucun
autre principe. La considération de cette substance, simplement comme objet de notre sens-
intérieur, nous donne la conception d'*immaté-
rialité*. En la considérant comme simple,
nous acquérons celle d'*incorruptibilité*. Son
unité, comme substance pensante, nous conduit à la conception de *personalité*. Et ces
trois prédicats réunis nous fournissent celle
de *spiritualité* : tandis que son rapport avec
les objets dans l'espace la met en relation
réciproque avec les corps. C'est par ce
moyen, que nous considérons cette substance
pensante, comme principe de vie dans la
matière ; nous l'appelons *ame*, et dans la détermination de sa spiritualité, immortelle.

Tout ce que nous venons de détailler, la
psychologie prétend le prouver dans ses conclusions. Cependant toutes ses preuves n'ont
pour fondement, que la perception du MOI,
notre ipséité, perception simple et absolument
vuide. Cette perception, qui, à proprement
parler, ne peut être appelée conception (car
je ne conçois ce MOI, qu'en lui donnant un
prédicat) n'est pour nous que la conscience
qui accompagne toutes nos conceptions ; mais,
séparée de ces conceptions, c. à. d. abstraction
faite de l'acte de la pensée, cette perception
intime

*Immaté-
rialité de
l'ame.*

*Incorrup-
tibilité.*

*Persona-
lité.*

*Spiri-
tualité.*

*Commerce
de l'ame
avec les
corps.*

*Nullité
des preu-
ves de la
psycholo-
gie.*

intime n'offre plus qu'un je ne sai quoi d'ob-
scur et d'indéfinissable, qui ne se laisse ramener à aucune conception: de sorte qu'au bout
du compte, il faut toujours en revenir à la
réunion du MOI avec la pensée, qu'on en
avait séparée d'abord, et dire : ,, ce MOI,
,, cette ame, est un être pensant;" et de cette
manière, on se retrouve tout juste au point,
d'où l'on était parti. Et que savons-nous de
plus, après avoir tourné autour de ce cercle?

Il en est tout autrement, quand l'analyse *Utilité*
que nous faisons des facultés de notre ame, *subjective*
a pour but d'éclairer et de développer nos *de l'ana-*
lyse de nos
conceptions à cet égard. Nous savons qu'en *facultés.*
cela nous procédons suivant des principes sûrs,
nous appuyant sur des faits qui nous sont
donnés. Par ce moyen nous apprenons à connaître plus à fond les propriétés de notre ame.
Mais, prétendons-nous, avec ces facultés données et connues, nous élever au-dessus de
toute expérience possible, et connaître par elle
ce qu'est en elle-même cette chose à laquelle
elles appartiennent: alors nous ne faisons que
nous égarer dans un labyrinthe de doutes et de
sophismes, dont les résultats nous sont aussi
inconnus, que les prétendues sources, où nous
croyons les avoir puisés. Or cela ne peut manquer d'arriver, toutes les fois que, dans la vuë
de donner aux conceptions de notre *Raison*,
à nos *idées*, une réalité objective, nous fran-

chissons les bornes, que la *Raison-critique* se
prescrit à elle-même.

*Résultats
des prin
cipes de
la psycho-
logie.* En réfléchissant sur les quatre propositions
fondamentales, énoncées plus haut au sujet de
l'être qui pense en nous, nous trouvons, il
est vrai, à n'en pouvoir douter: (1) que,
dans toutes nos pensées et tous nos jugements, le moi se retrouve constamment, comme sujet, qui détermine tous les rapports compris dans l'énoncé d'un jugement; que ce
moi, cette *ipséité*, préside à toutes nos pensées, non comme contingence, mais comme
sujet qui doit être considéré séparément de
nos conceptions; de sorte que notre ame n'est
pas un attribut de la pensée, mais qu'au
contraire la pensée est un attribut de notre
ame. Ces jugements que nous en portons,
découlent de la conception même de la *pensée.*
Cependant il y a bien de la différence entre
l'énoncé de ces jugements, et la considération
du moi, comme objet absolu, comme être
existant en lui-même et hors de la pensée,
comme *substance.* Pour s'en assurer, il fau-
droit plus que la connaissance des facultés de
notre ame: il faudrait que le fondement de
notre être lui-même fût une donnée pour
nous; c. à d. que nous connussions, non la
pensée, mais l'*être qui pense.* (2) Il est certain que, dans toutes mes pensées, et dans la
conscience ou sentiment intime que j'ai de

MOI, il se présente toujours à moi comme
être simple, et qu'il m'est impossible de le
concevoir comme multiple ou composé : cela
est compris d'avance dans la conception même
de la *pensée*. Mais il n'en résulte aucunement
que, séparé de la pensée (et c'est de quoi il
est ici question) ce MOI soit en effet une
substance simple. (3) Je puis poser en fait
que l'ame est *une* et la *même dans le temps*,
que, malgré le concours perpétuel et varié de
mes perceptions, qui se succedent dans le
temps, le MOI reste toujours moi. Cette
troisième assertion est, comme les deux précédentes, renfermée dans la conception de la
pensée. Cependant cette *ipséité* du sujet,
dont la conscience accompagne en moi toutes
mes perceptions, ne regarde point la perception de mon ame, comme objet, c. a d. telle
que mon ame est en elle-même et indépendamment de ce sentiment intime de mon ipséité :
elle n'indique donc point *unité*, *identité* de
personne, par où l'on entend la conscience de
l'*identité* d'une substance, comme être pensant, et subsistant toujours de même au milieu
des variations, que nous venons d'indiquer.
(4) Que je distingue ma propre existence,
comme être pensant, de celle de tout ce qui
n'est pas moi, et même de mon propre corps :
cette distinction découle également de la simple
conception de ma pensée. Car ces choses,
que je me représente comme n'étant *pas moi*,

ne sont précisement que celles, que je conçois comme existant hors de moi. Mais cette conscience de ma propre existence, la conserverais-je, si je ne me représentais d'autres êtres, comme existant hors de moi, tandis que, sans eux, je ne pourrais acquérir de perceptions? Pourrais-je exister comme être purement intellectuel, c. a d. en cessant d'être homme, et d'appartenir en partie à ces objets extérieurs? C'est-là ce qu'il m'est absolument impossible de savoir.

Ainsi l'analyse la plus subtile de la conscience de nous-mêmes, dans l'acte de la pensée, ou du sentiment intime, qui nous dit que c'est nous-mêmes qui pensons, n'est pas capable de répandre le moindre jour sur la connaissance de nous-mêmes, comme objets, hors de l'acte de la pensée. Et si nous nous faisons illusion, jusqu'à croire qu'au moyen d'une telle analyse, nous remontons jusques à la notion du MOI en lui-même; c'est que nons confondons à tort la manière, dont nous nous sentons disposés dans l'exercice de la faculté de penser, avec ce que nous prenons pour une disposition métaphysique de nous-mêmes, comme objets, hors de la pensée. Ces réflexions, mûrement pesées, faciliteront l'examen des preuves, sur lesquelles la *Raison* prétend fonder les quatre conclusions en question.

Preuve de la sub-stantialité de l'ame. D'abord, pour appuyer cette proposition : „ l'ame est une substance;" voici comme elle raisonne : Ce qui ne peut être conçu que comme sujet, sans pouvoir, à son tour, servir de prédicat à un autre sujet, n'existe aussi que comme sujet ou *substance.* Or un être pensant, tel qu'est notre ame, considéré simplement comme tel, ne peut être conçu que comme sujet, et jamais comme prédicat. Donc l'être pensant, notre ame, existe, comme sujet, comme substance. Pour rendre ce *réfuta-* syllogisme concluant, il ne faut qu'entendre *tio.* par *substance,* dans la conclusion, précisement la même chose, qu'on a entendue par-là dans la majeure. Mais alors, il aboutit tout au plus à prouver, qu'en vertu de la conception, que nous avons de la *pensée,* en général, il nous est impossible de concevoir l'être pensant, notre ame, autrement que comme sujet ou substance : quand tout ce que nous pouvons dire de l'être pensant, se borne à dire qu'il pense ; nous ne faisons par-là qu'exprimer un de ses attributs, sans déterminer en aucune manière ce qu'il est effectivement en lui-même. Considérons-nous la *pensée,* comme attribut ou prédicat de l'être pensant, et celui-ci comme sujet de ce prédicat : alors certainement l'être pensant, notre ame, est le sujet logique, dont la pensée est le prédicat ; et comme nous ne savons absolument rien de l'ame, dépouillée de l'attribut de la pensée, il est vrai que nous ne pouvons non plus la concevoir comme prédicat d'un autre sujet. Mais, dans ce dernier

ce. Il n'est question, comme on le voit, que
de la *conception pure de substance*, telle qu'elle
se trouve originairement dans notr *Entendement*.
Mais il ne s'ensuit nullement de-là, que notre
ame soit une substance réelle, telle que l'offre
à l'esprit l'exposé du premier principe de
Relation. Dans la conception fondamentale,
ou catégorie de *substance*, n'est point contenue la perception de *durée* : cette perception
ne naît qu'au moyen de l'application de la
catégorie de *substance*, à la forme de notre
sens intérieur, qui est le *temps*; et cette application, cette réunion du *temps* avec la *substance*, le principe de durée ne l'opère que
pour les objets dont nous pouvons avoir
l'expérience. Si la même chose a lieu, par
rapport à notre ame, ce n'est donc qu'autant
que l'ame est pour nous un objet de l'expérience. Mais cette expérience de notre ame,
ou cette connaissance que nous avons de notre
ame dans l'expérience, n'a pour nous qu'une
valeur subjective : car toute expérience est
subordonnée à la condition et aux détermina-
tions des formes originelles de notre *Sensibilité-
pure* et de notre *Entendement - pur*. Ainsi,
lorsque dans la conclusion de ce raisonnement
psych logique, nous donnons au mot *substance*
une autre signification que dans la majeure,
lorsque nous entendons par-là, dans la majeure, une substance *logique*, et dans la conclusion, une substance *réelle*; ce raisonnement

n'est plus qu'un sophisme, uniquement fondé sur une équivoque et sur un jeu de mots illusoire.

On avance, en second lieu, que l'ame est *simple* ; et on prétend le prouver par ce rai-sonnement : „ Un être, dont l'action ne peut „ être conçue comme produite par le concours „ de plusieurs agents, est un être simple. Or „ telle est l'action de l'ame ou du M O I pen-„ sant. Donc l'ame est un être simple." *Preuve de la simpli-cité de l'ame.*

En troisième lieu, voici comme on raisonne pour prouver la *personalité* de l'ame : „ L'être, „ qui a la conscience de son unité , de son „ identité dans le temps, est par cela même „ une *personne*. Or l'ame a cette conscience „ d'elle même. Donc l'ame est une *personne*." *Preuve de la perso-nalité de l'ame.*

Quant à la quatrième des propositions fon-damentales de la *psychologie*, on peut, pour tâcher de la prouver , la présenter sous la forme suivante : „ Tout ce, dont l'existence ne peut être apperçue immédiatement , mais seu-lement conçue , au moyen d'une certaine dé-duction, comme cause de perceptions données, n'a qu'une existence douteuse. Il n'y a que l'existence de M O I , comme sujet pensant, dont j'aie la perception immédiate : au-lieu que je ne conçois l'existence des êtres hors de moi, que comme cause de perception données. Donc il n'y a de certain que l'existence de mon ame seule; et celle des objets extérieurs, au contraire, n'est que douteuse." *Preuve de l'existen-ce de l'ame différente de celle des objets.*

Ces trois raisonnements psychologiques étant subordonnés au premier, et devant par conséquent tomber avec lui; nous nous contenterons de remarquer, à leur sujet, que, dans chaque majeure, il est question de la conscience du MOI, qui accompagne toutes nos pensées, comme inséparable de l'acte de la pensée, et par conséquent comme n'ayant de valeur que *subjectivement :* au-lieu que, dans la conclusion, on veut le faire passer pour un être purement *objectif,* séparé de la pensée et subsistant en lui-même. On tâche, mais en vain, de se persuader que nous acquérons la perception immédiate de ce qu'est notre ame en elle-même, au moyen de la conception vague de MOI, qui accompagne toutes nos pensées. Cependant, si nous examinons attentivement ce qui se passe en nous; à l'exception de nos perceptions, nous trouverons que ce MOI, que nous prenons pour une substance, n'est autre chose, que le sentiment intime que c'est nous, qui avons telle ou telle perception, telle ou telle conception; mais que la nature de ce MOI, comme objet, nous est toujours inconnue; et que, par conséquent, la solution de ce problême: ,, Quel est, indépendamment de ses perceptions et de ses pensées, ce MOI qui sent, qui pense, et qui a la conscience de son sentir et de son penser? est encore, pour nous, le noeud gordien de la *psychologie,* ou métaphysique de l'ame. En un mot, la *simplicité* de notre ame nous est aussi peu connue, que sa *sub-stantialité*. Nous savons seulement que la conscience, que nous avons de nous-mêmes dans l'acte de la pensée, est quelque chose de simple, de non-divisible; mais il ne s'ensuit pas de-là, que l'ame, comme fondement de cette conscience, de ce sentiment intime, soit aussi, objectivement, un être simple, non-composé.

Il en est de même par rapport à la *personalité* de notre ame. Quoiqu'elle se retrouve toujours la même, dans tous les actes de la pensée, il nous est cependant impossible de savoir, si, hors de la pensée, et telle qu'elle est en elle-même, elle conserve cette *ipséité*; et si l'existence de notre ame est seule certaine, tandis que celle des êtres que nous nous représentons comme hors de nous, n'est qu'incertaine. Tous les êtres que nous connaissons, se réduisent à des phénomènes; et notre ame, comme objet de notre sens intérieur, n'est aussi pour nous qu'un phénomène; c. à d. une chose, qui nous paraît telle, dans le temps, et rien de plus: ce qu'elle est en elle-même nous étant parfaitement inconnu. Comme les êtres sensibles, nous ne la connaissons, que liée au temps et même à l'espace: nous ne pouvons la concevoir, que comme étant en nous, comme existant simultanément avec notre corps, dans un temps donné. Considérée sous ce point de vuë, notre ame n'est donc pas aussi différente de notre corps, que nous nous la figurons, lorsque, pour juger de sa nature, nous nous fondons sur ces sophismes de la *Raison-pure*. On a tant de fois renou-vellé cette question : comment deux êtres aussi complètement disparates, aussi essentiellement différents que le sont l'esprit et la matière, l'ame et le corps, peuvent-ils agir réciproque-ment l'un sur l'autre ? C'est qu'on n'a pas vu que la perception de notre ame est, ainsi que celle de notre corps, subordonnée au *temps* et à *l'espace*. Elles le sont cependant l'une et l'autre ; et par conséquent la question se réduit à ceci : comment deux êtres, également *sen-sibles*, peuvent-ils agir l'un sur l'autre ? Question peu différente de celle-ci : comment deux corps, occupant deux portions de l'es-pace, peuvent-ils avoir l'un sur l'autre une influence réciproque ? Quand nous pensons, nous pensons en un lieu, et nos pensées se succèdent dans le temps. Il nous est impos-sible de concevoir une ame, qui pense, au-trement qu'en tel ou tel lieu, ou dont les pensées ne se succèdent pas dans le temps. Ainsi la perception de notre ame, et par con-séquent notre ame elle-même, se présente à nous dans les mêmes formes de cognition que notre corps. Mais qu'est-elle, au de-là de cette perception ? C'est ici, que nous nous trouvons arrêtés par les bornes de notre cognition, qui sont nécessairement celles de notre connaissance.

Quant à l'*antinomie* de la *Raison-pure* (qu'on pourrait aussi appeler contradiction de la *Raison-pure* avec elle-même) c'est une contradiction, dans laquelle tombe notre *Raison*, lorsqu'éblouie par la vérité apparente des conclusions hypothétiques, elle s'enfonce dans l'idée de la complétion absolue de la série rétrograde des conditions de phénomènes donnés. Cette *idée* est, comme nous l'avons vu, une *idée cosmologique* de la *Raison-pure*, qui, toujours remontant de condition en condition, relativement aux phénomènes, s'élève enfin au-dessus de toute expérience, quoiqu'en effet les phénomènes eux-mêmes nous soient donnés par l'expérience. Il n'y a que la totalite complette et absolue de toutes les conditions relativement aux phénomènes, qui ne puisse jamais être donnée. Cependant la raison l'exige, cette totalité idéale, conformément au principe général et fondamental de toutes ses idées, tel que nous l'avons exposé plus haut: ,, Le con-,, ditionnel étant donné, avec lui est aussi ,, donnée la série entière des conditions, et ,, par conséquent l'inconditionnel lui-même." Il est bon d'observer ici, que toutes les idées de la *Raison* sont, dans l'origine, des conceptions de l'*Entendement* ou des catégories; avec cette différence, que l'*Entendement* n'applique ses conceptions qu'à l'expérience, ce

Antinomie la Raison-pure.

Les idées sont des conceptions.

qui est leur vraie destination ; au-lieu que la raison les transporte au de-là de toute expérience, pour les ranger sous la règle universelle et transcendentale, que nous venons de citer.

Complétion de séries. Puisque les idées cosmologiques ont pour but de compléter les séries des conditions des phénomènes, il doit y avoir précisément autant d'idées cosmologiques, qu'il y a de différentes espèces de ces séries. La *Raison*, dans ces séries, procède toujours par ascension, sans jamais songer à descendre : parceque, dans la complétion de chacune d'elles, elle n'a en vuë que l'inconditionnel, auquel elle ne saurait atteindre en descendant du général au particulier, parcequ'alors elle ne trouverait par-tout que des conditionnels, subordonnés à d'autres conditionnels. Ainsi la perfection, que demandent les idées cosmologiques, consiste dans la complétion des séries rétrogrades, c.-à-d. en remontant toujours, du conditionnel, à ce qui en est la condition.

Examen des séries des conditions. Pour procéder sûrement à la recherche de ces différentes séries, que l'imagination nous peint comme autant de chaînes non-interrompues des conditions de phénomènes donnés, nous ne pouvons suivre de meilleur guide, que le fil de nos catégories. Commençons par la *quantité*.

Suivant la quantité. Suivant la catégorie de *quantité*, nous prenons les deux grandeurs originelles de toutes nos perceptions, le *temps* et *l'espace*. C'est

d'elles, que les phénomènes empruntent toutes
les qualités qui leur sont applicables comme
grandeurs. Le temps est par lui-même une
série : ce n'est même qu'en la rapportant au
temps, que nous nommons une autre chose
série, une série consistant toujours dans une
suite non-interrompue, ou immédiate. Le
moment, ou le point de durée, qui précède,
est constamment la condition du moment qui
suit. Aussi la *Raison* ajoute-t-elle, dans son
idée, à chaque point de durée donné, tous les
points qui l'ont précédé, tout le temps déja
écoulé, comme faisant ensemble la totalité des
conditions du point donné, et par conséquent,
comme donné nécessairement avec lui.

Il n'en est pas de même de *l'espace*. La
conception d'espace, prise en elle-même, n'emporte avec elle ni antériorité, ni postériorité :
puisque l'espace est un tout, dont les parties
existent, non pas consécutivement ou l'une
après l'autre ; mais simultanément, ou toutes à
la fois. Il n'y a donc point ici de série, dira-
t-on ! Cependant la liaison des parties multiples
de *l'espace*, au moyen de laquelle nous le parcourons, et nous tâchons, en la parcourant,
de le rassembler en un tout ; cette liaison, dis-
je, est une progression, qui a lieu dans le
temps, d'où resulte, par conséquent, une
série. Et, comme cette série des portions de
l'espace, ne peut s'achever, qu'au moyen de
l'extension d'un espace donné, dont nous

étendons de plus en plus les bornes par la pensée (comme on imagine une sphère croissant et
s'étendant à l'infini) cette progression non-interrompue d'extension de l'espace doit être aussi
considérée comme la concaténation immédiate
des termes d'une série de conditions. Pour
mesurer l'espace en son entier, nous nous pla-
çons, pour ainsi dire, au centre d'une portion
donnée de l'espace; et cette portion, nous
l'étendons autour de nous en tout sens et dans
toutes les directions possibles. A la vérité cette
portion de l'espace, que nous étendons ainsi à
volonté autour de nous, ne ressemble pas
encore à une portion de temps, à un moment,
qui n'est possible, qu'au moyen d'un autre
moment, qui l'a précédé immédiatement. Cependant, comme cette même portion de l'espace
est bornée ou circonscrite par les autres parties,
que nous concevons l'environnant de toutes
parts et s'étendant autour d'elle en tout sens;
elle est aussi, à cet égard, conditionelle : puisqu'il nous est aussi impossible de concevoir un
point de l'espace non borné par d'autres points,
qu'un moment non précédé par un autre moment. De cette manière, nous concevons
nécessairement l'espace environnant, comme
condition, et l'espace environné, comme conditionnel, c. à d. comme donné sous la condition de l'espace qui l'environne. Reculer les
bornes de cet espace environnant, est donc, en
effet, procéder graduellement dans l'espace;

c'est suivre une série; et cette série, la *Raison* veut se la rendre complette.

Le *temps* et *l'espace* formant ensemble les grandeurs primitives de tous les phénomènes, et la totalité des phénomènes formant la conception de l'univers ou du monde sensible; **il** suit de-là, que *l'idée cosmologique* ou la conception de l'univers en son entier, exige une complétion absolue de sa grandeur, tant du côté de sa durée passée, que de l'espace qu'il occupe.

En second lieu, suivant la catégorie de *Suivant la qualité*, nous prenons la matière, pour la *réalité* qualité. dans la *grandeur:* car une grandeur, sans matière qui y soit contenue, n'est qu'un espace vuide; comme une figure de mathématique, dans laquelle on ne se représente que son étendue. Or cette matière, étant un assemblage de parties, est à son tour une conditionelle, et les parties, dont elle est formée, en sont la condition; tandis que ces parties elles-mêmes n'étant que des assemblages d'autres parties, sont aussi conditionelles d'autres conditions, et ainsi de suite: ce qui nous ramène encore à une série rétrograde, à un enchaînement de conditions, dans lesquelles *l'idée cosmologique* requiert une totalité parfaite.

Troisièmement. Dans la catégorie de *relation*, *Suivant la* nous ne pouvons admettre, comme série ascen- *relation.* dante ou rétrograde, que la chaîne non-interrompue de causes antecédentes de phénomènes donnés, qui en sont les effets. Car, quant aux catégories de *substance* et de *réciprocité*, elles ne présentent, comme telles, aucune succession, et par conséquent, aucune série dans les phénomènes. L'idée cosmologique n'est donc applicable qu'à la catégorie de *causalité*, qui présente une suite de causes, comme conditions d'effets donnés. Et dans cette série, comme dans toutes les autres, la *Raison* exige une complétion ou totalité absolue. Sans cette totalité absolue, de la part des causes, il est impossible de rendre raison de l'existence d'un seul phénomène, comme effet.

Suivant la modalité.　Quatrièmement, il nous reste à chercher, dans la quatrième catégorie, dans la *modalité*, une série, à laquelle puisse de même s'appliquer *l'idée cosmologique* ou conception de l'univers. La *possibilité*, et son corélatif, *l'impossibilité*, *l'existence*, et la *non-existence* ou le néant, ne nous en offrent point. Il ne reste donc que la *nécessité*. Prise seule, ou en elle-même, elle ne présente point non-plus de série. 'Mais son opposé, la *contingence*, nous conduit à l'existence contingente. Cette existence suppose un fondement antérieur et donné, qui en soit la condition ; et ce fondement lui-même, étant contingent, suppose, à son tour, un autre fondement, une condition antérieure de son existence : de sorte qu'on remonte sans cesse de condition en condition, jusqu'à ce que la série des existences contingentes se trouve accomplie :

accomplie : ce qui ne peut se faire, sans recourir enfin à l'inconditionnel.

Ainsi, en suivant le fil de nos catégories, nous avons déduit les quatre *idées cosmologiques*, de celles des conceptions originelles de l'*Entendement*, qui présentent naturellement une série à la *Raison*; c. à d. nous avons élevé à la hauteur d'idées celles de nos catégories, que nous avons trouvées susceptibles de la généralité transcendante, propre aux idées de la *Raison*. Quoique placées hors des limites de l'expérience, elles ne laissent pas d'être en liaison avec elle. Ces idées sont :

Idées cosmologiques déduites des catégories.

Complétion absolue de la *totalité* des êtres ;

de la *divisibilité* ;

de *l'existence* ou du commencement d'être ;

de *l'existence dépendante des phénomènes.*

Idées cosmologiques.

Ces quatre totalités absolues ou inconditionnelles, exigées nécessairement par la *Raison pure*, relativement aux phénomènes (car ce n'est qu'aux phénomènes, et pas aux êtres en général, que se rapportent les idées cosmologiques, comme conceptions du monde sensible) peuvent être considérées de deux manières diamétralement opposées. D'abord on peut considérer chacune de ces totalités, comme quelque chose d'inconditionnel, subsistant uniquement dans la série, comme série : de sorte que chaque terme, pris séparément, soit condi-

Considérées de deux manières.

tionnel, et que tous les termes ensemble, considérés dans leur concaténation, forment un ensemble, une série inconditionnelle. Ou bien, on peut se représenter l'inconditionnel, comme terme, et comme premier terme de la série, auquel soient subordonnés tous les autres. Admet-on la première supposition : alors la série va en rétrogradant, sans bornes, sans premier terme ; et par conséquent elle est nécessairement infinie, quoique donnée toute entière ; c. à d. qu'elle est non-finie seulement dans sa procession rétrograde. Préfère-t'on, au contraire, la seconde supposition : alors on aboutit, en remontant, à un premier terme de la série. Ce premier terme sera, par rapport au temps écoulé, *commencement* ; par rapport à l'espace, *limite* ; par rapport aux parties de la matière, *simplicité* absolue ; par rapport aux causes, *spontanéité* (*liberté*) ; enfin, par rapport à l'existence contingente et dépendante des êtres, *coërcition* absolue dans la *nature*.

En traitant des *conceptions-pures* de *l'Entendement*, et des axiomes ou principes fondamentaux de *l'Entendement-pur*, qui en découlent, nous avons observé, que les principes de *quantité* et de *qualité*, comme appartenant à l'intuition, étaient appelés *mathématiques*, dans la *philosophie critique* ; tandis qu'on y donne le nom de *dynamiques* ou potentiels, aux conceptions primitives et aux

principes de *relation* et de *modalité*, comme
tendant uniquement à rendre raison de l'*existence* des choses données dans l'intuition.
Conformément à cette distinction, les deux *Ensemble*
premières *idées cosmologiques* présentent aussi à *tique de*
notre esprit l'ensemble *mathématique* de tous *l'univers.*
les phénomènes réunis ; d'un côté, leur grandeur, c. à d. leur étendue et leur durée, qui
surpassent toutes les bornes de notre intelligence — de l'autre, leur degré de petitesse
possible, c. à d. leur divisibilité suivant le
temps et l'espace ; divisibilité, dont les der-
niers termes échappent à notre pénétration,
comme les extrêmes de la durée et de l'étendue de l'univers se dérobent à nos regards,
et à nos calculs. De-là naît en nous la conception de l'univers, dans deux idées mathématiques, ou relatives à sa grandeur.

Les deux autres *idées cosmologiques* nous *Ensemble*
présentent un *ensemble dynamique* de tous les *dynamique.*
phénomènes, en tant que nous y avons égard
au pouvoir d'exister et au mode d'existence.
Considéré sous le rapport de ces deux idées,
l'univers s'appèle *nature.* La puissance, au *Nature.*
moyen de laquelle une chose arrive dans la
nature, s'appele *causalité* ; et la causalité in-*Causalité.*
dépendante ou inconditionnelle se nomme *liber-
té.* Tout ce, dont l'existence dépend d'une
autre chose, c. à d. tout ce qui est conditionnel, dans la *nature*, ou par rapport à son
existence, se nomme *contingent* ; tandis que *Contingence.*

ce qui existe indépendamment ou incondition-

Nécessité. nellement, se nomme *nécessaire.* La nécessité des phenomènes, conçus comme tels, que, par leur nature, ils ne peuvent ne pas exister (ce qui indique dans les causes la nécessité de produire, comme dans les effets la nécessité

Coërci-
tion. d'être produits) peut s'appeler *coërcition* de la nature.

Nous avons fait voir que, dans toutes ces idées, la complétion de chaque série des conditions peut être, dans la rétrogradation, ou finie ou infinie. Il est impossible d'imaginer une autre manière de completter une série.

Antino-
mies. Or comme, par rapport à la série des conditions, le *fini* se laisse aussi bien prouver que l'*infini*, pour la *Raison*, qui ne demande que la complétion absolue des conditions; et que ces preuves contradictoires reposent, non, comme les sophismes de la psychologie, sur des arguments qui pèchent même par la forme, mais sur des raisonnements concluants à tous égards : il en résulte nécessairement une lutte violente de la *Raison* contre elle-même; lutte d'autant plus difficile à terminer, que le fini et l'infini étant des conceptions qui s'excluent réciproquement, les conclusions respectives ne peuvent jamais cesser d'être contradictoires l'une de l'autre. De sorte, que, pour démontrer, p. ex. l'impossibilité d'une série infinie, il suffit de conclure, suivant la forme des jugements disjonctifs, à une série finie;

et réciproquement : car on sent qu'on ne peut admettre l'une, sans exclure nécessairement l'autre.

Nous exposerons par ordre les quatre thèses, avec leurs preuves en faveur d'une série finie de conditions ; et nous joindrons à chacune d'elles l'antithèse, avec la preuve en faveur d'une série de conditions non-finie. De cette manière, le lecteur sera plus en état de comparer les unes avec les autres. *Exposition des antinomies.*

Thèse I. Par rapport à la *quantité.* „ Le „ monde a eu un commencement dans le „ temps, et il a ses bornes dans l'espace." *Thèse de quantité.*

Preuve. Il faut admettre de deux choses l'une. Ou le monde a eu un commencement dans le temps, ou il n'en a point eu. S'il est démontré que le second cas est impossible, la première proposition doit être nécessairement admise. Admettons cependant, pour un moment, le second cas, c. à d. que le monde n'ait point eu de commencement. Alors, il faut qu'à chaque point de la durée du monde, se soit trouvée une éternité de durée antérieurement écoulée, et avec elle une série infinie d'états successifs de choses dans le monde. Mais l'infinité d'une série consiste précisément en ce qu'elle ne peut être complétée par addition successive. Or ce qui ne peut être complété, ne peut aussi être donné comme complet ou infini. Donc une série infinie du monde, donnée, c. à d. écou- *Dans le temps.*

H 3

lée, est impossible. Donc, que le monde ait commencé à exister dans le temps, est une condition absolue de son existence actuelle : première preuve.

Dans l'es-
pace. En second lieu, „ le monde a des bornes „ dans l'espace." Pour admettre le contraire, il faudrait concevoir le monde comme un tout donné et infini de choses existant simultané- ment. Mais la grandeur d'un tout non-limité ne peut se concevoir, que comme résultat de l'assemblage successif de toutes les parties à l'infini ; assemblage, qui suppose un temps infini, une éternité donnée, c. à d. écoulée, qui soit en proportion avec lui. Car, si le monde est un composé donné, infini dans ses parties ; cette composition, ou cet assemblage de parties, qui ne peut être que successif, suppose nécessairement un temps donné, égal en grandeur, et par conséquent infini dans ses parties : ce qui, comme nous venons de le montrer, est en opposition avec la conception d'une série infinie, laquelle ne peut jamais être considérée comme entièrement écoulée. Concluons donc, que le monde est fini ou limité dans l'espace : second membre de la première proposition, qu'il fallait prouver.

Antithèse
de quan-
tité, Antithèse : „ Le monde n'a point eu de „ commencement dans le temps, et n'a point „ de bornes dans l'espace." En voici la

par rap-
port au
temps. preuve :

Si l'on donne au monde un commencement,

il faut admettre un temps antérieur, auquel le monde n'existait pas : car commencement veut dire une existence, qu'a précédée un temps, au quel la chose, qui commence à exister, n'existait pas encore. Or un temps, auquel le monde n'existait pas, n'est qu'un temps vuide. Mais dans un temps vuide, une chose ne peut commencer d'exister : car aucune partie de ce temps ne peut-être, par elle-même, le fondement ou la raison-suffisante de l'existence ou de la non-existence d'une chose; soit qu'on suppose chette chose comme passant du néant à l'existence par elle-même, ou par une cause étrangère. En un mot, un temps vuide, ou dans lequel rien n'existe, ne peut être la condition d'aucune manière d'exister, ni par conséquent d'un commencement d'existence. Ce commencement lui-même, ou ce premier instant de l'existence, a dû être précédé d'un autre temps, auquel l'état d'une chose était déterminè, comme étant sur le point de commencer à exister: et ainsi de suite. Donc il est possible qu'un nombre de séries de choses et d'états de choses, dans le monde, ait eu un commencement ; mais que le monde lui-même en ait eu un, cela est impossible; et par conséquent le monde est infini par rapport à sa durée passée, c. à d. il n'a point eu de commencement.

Par rapport à la limitation de l'univers dans *Par rapport à l'espace.*

l'espace, prenons aussi le contrepié de la thèse que nous avons posée : supposons que *le monde a des bornes dans l'espace.* Alors l'univers se trouvera placé dans un espace vuide et non-limité : de sorte, qu'il existera non-seulement un rapport entre les objets dans l'espace, mais aussi un rapport des objets à l'espace, des choses dans le monde, avec l'espace qui circonscrit le monde, qui est hors du monde, et qui, par conséquent, est vuide. Mais, l'idée du monde ou de l'univers, renfermant en elle-même le tout, l'ensemble des êtres, complet et absolu, hors duquel il ne peut y avoir aucun objet de perception, qui soit en rapport avec lui : le rapport de l'univers à l'espace vuide ne serait qu'un rapport d'un objet à ce qui n'est point objet, de l'être au néant. Car l'espace lui-même n'est point un objet; ce n'est qu'une qualité ou plutôt une qualification, dont notre *Sensibilité* revêt les objets, comme sensibles, et qui, par conséquent, ne peut exister là, où aucun objet ne peut être senti ni apperçu. Un espace vuide, c. a d. qui ne contient aucun objet sensible, n'est donc rien. Donc le rapport du monde à l'espace vuide n'est rien non-plus. Or, limitation, sans quelque chose, qui serve de limite, n'est point limitation. Le monde n'a donc point de bornes dans l'espace : il est donc infini en étendue, comme en durée.

Thèse II. Par rapport à la *qualité*. „ Toute
„ substance composée, dans le monde, est
„ composée de parties simples : il n'existe dans
„ l'univers, que ce qui est simple, ou com-
„ posé du simple.”

Preuve. Si nous admettons le contraire ; c. à d.
si nous supposons que les parties élémentaires
des substances composées ne sont pas simples :
il s'ensuivra, qu'après la décomposition des
substances, il ne restera ni parties simples ni
parties composées ; les parties simples étant,
d'un côté, exclues dans ce cas, et de l'autre,
toute composition de parties cessant après la
décomposition. Donc, après la décomposition
des substances, il ne resterait rien. Donc une
substance aurait été *composée* de rien : ce qui
implique contradiction. Il est absurde de supposer qu'une chose soit composée de parties,
sans admettre, en même temps, que toutes les
parties, qui entrent dans sa composition, con-
servent leur être, après, comme avant la disso-
lution, qui n'est qu'une des-union des parties
réelles de l'être composé. Cependant l'existence particulière de ces parties ne peut être
composée ; puisque nous en avons supposé la
décomposition. Donc les parties d'un tout
composé, prises séparément, doivent être non-
composées ; c.-à-d. simples.

Antithèse. „ Rien, dans le monde, n'est
„ formé de parties simples : tout y est com-
„ posé.”

Preuve: Toute composition de choses, de substances, n'est possible que dans l'espace. Chaque partie, qui entre dans la composition d'une substance, occupant une portion de l'espace, doit consister en autant de parties, que la portion d'espace, qu'elle occupe. Mais l'espace n'est point composé de parties simples : chaque portion de l'espace est un autre espace, toujours divisible, sans pouvoir jamais être réduit au plus petit espace possible. Si nous admettons dans les substances des parties simples, il faudra néanmoins qu'elles occupent une place; et en occupent-elles une, elles sont multiples ou composées, comme elle. L'être simple sera donc en même temps composé : ce qui est contradictoire. Nous n'acquérons des perceptions, ou l'expérience des êtres, que dans le temps et dans l'espace, deux grandeurs divisibles à l'infini. Nous ne pouvons donc acquérir l'expérience de choses simples ou indivisibles; et comme toutes les choses, que nous embrassons dans la conception de l'univers, doivent être des objets d'une expérience au moins possible, il est évident qu'une substance simple, dans le monde, ne doit être regardée que comme une conception sans réalité.

Thèse de relation. **Thèse III.** Concernant la *relation*. „ Tout „ ce qui arrive dans le monde, ne dépend pas „ uniquement de lois naturelles, desquelles „ seules puissent se déduire tous les phénomè-

„ nes: leur existence exige de plus une cause
„ première et libre."

Preuve. Supposé qu'il n'y eût point d'autre
causalité, que celle des lois de la nature : il
faudrait admettre, pour chaque phénomène, un
état antérieur, auquel eût dû succéder nécessairement un autre état. Or cet état antérieur
serait lui-même une chose, née dans le temps,
où elle n'aurait pas existé précedemment ; il
supposerait donc encore un autre état *plus anté-*
rieur, et ainsi de suite : de sorte qu'on aurait
beau remonter de cause en cause, on ne parviendrait jamais à une cause indépendante et
absolue, qui ne peut avoir sa cause que dans
elle-même. Il ne se trouverait donc, dans la
série des causes, rien qui fût la cause de la
série elle-même : ainsi chaque terme de la série
aurait une cause, sans que la série entière en
eût une. Cette série entière existerait donc
sans raison suffisante, sans fondement de son
existence. En d'autres termes, le monde existerait d'une manière opposée à ses propres lois.
Tandis que, dans le monde, rien n'arrive sans
cause, le monde lui-même, l'ensemble d'une série
progressive de causes subordonnées les unes aux
autres, aurait commencé à exister, sans cause
de son existence. Tout en avouant, que, dans
le monde sensible, chaque chose et chaque état
de chose est dû à une cause, il faudrait admettre que le monde lui-même, c.-à-d. l'ensemble
des choses et de leurs changements d'état, n'eu

a point. Or cela est absurde : parce qu'il est absurde qu'une chose existe d'une manière dia-métralement opposée aux lois de son existence. Concluons donc, qu'il y a une cause première, qui a sa cause en elle-même, c.-à-d. dont l'existence est déterminée par elle-même, et non par d'autres causes.

Cette cause première ne peut agir, dans la production de la série-entière des phénomènes, (dont les termes se produisent mutuellement ou sont successivement la cause l'un de l'autre) que spontanément, par elle-même, comme suffisant à elle-même et à toutes ses produc-tions; pour tout dire en un mot, elle ne peut agir que librement. Sans cette liberté ou spon-tanéité, non-seulement la série entière des causes, prise dans son ensemble, n'aurait point de raison de son existence ; mais encore elle ne pourrait, par la même raison, jamais être considérée comme complette : quoiqu'infinie, il lui manquerait cependant toujours un terme, nécessairement requis par les lois de la nature même.

Cette spontanéité ou liberté une fois prou-vée, comme cause première, il en résulte qu'il existe, ou du moins, qu'il peut exister, dans le cours des changements phénoménaux, qui arrivent dans l'univers, d'autres spontanéités, comme autant de causes libres et de premiers termes de séries moyennes ou intermédiaires. Telle peut être, p. ex. la liberté ou sponta-

néité de notre ame, comme premier terme d'une
série de causes coopératrices dans l'univers, au
milieu des phénomènes qui nous environnent.
Les preuves, que nous avons alléguées, font
voir, en même temps, qu'une causalité, qui
a pour base les lois nécessaires de la nature,
ne répugne en rien à une causalité fondée uniquement sur la liberté, qu'elles s'allient même,
au point, que la première ne peut s'expliquer,
qu'avec le secours de l'autre.

A cette thèse prouvée, s'oppose, comme *Antithèse.*
anthithèse, la proposition suivante, qui se
prouve de même : ,, Il n'y a ni spontanéité, ni
,, agent libre : tout, dans l'univers, suit aveu-
,, glément le cours des lois de la nature." En
accordant qu'il existe quelque part une spontanéité, une liberté, une force active par elle-
même, comme principe et premier terme d'une
série de causes, qui découlent d'elle, sans que
cette force active elle-même soit déterminée par
des lois nécessaires; il n'en reste pas moins vrai,
qu'un commencement d'acte quelconque, de la
part de l'agent libre, suppose nécessairement
un état antérieur à cet acte, dans lequel s'est
trouvée la force active et libre, avant de se
déterminer à agir. Mais cet état antérieur de
possibilité d'agir emporte naturellement avec lui
la conception d'un état, dans lequel l'action
n'avait pas lieu. Cela étant, il faut nécessairement admettre de deux choses l'une : ou cet

état d'inertie antérieur est lié avec l'action qui le suit, et détermine cette action; ou le contraire a lieu. Dans le premier cas, l'agent ne serait pas libre. Si, au contraire, cet état antérieur d'inaction n'est point lié à l'action qui lui succède, et s'il ne la détermine point; il faut convenir alors, qu'un premier acte ne dépend en aucune manière de l'état antérieur de l'agent: ce qui est contraire au principe de *causalité* (unique fondement de la possibilité de l'expérience) et anéantit jusques à la conception de *cause*. L'un et l'autre cas étant impossibles, il n'y a donc ni spontanéité, ni agent libre, et tout suit aveuglément les lois de la nature. Admettre une causalité, de laquelle tout dépende, et qui, à son tour, ne dépende de rien, c'est vouloir réunir deux contradictoires: puisqu'alors la spontanéité ou liberté serait une cause produisant *toujours* un effet, mais *non-nécessairement*; ce qui est absurde. Toute cause opère par des lois, c.-à-d. nécessairement, autrement, elle cesserait d'être cause. Spontanéité ou liberté, n'est qu'une idée d'indépendance, une pure chimère, qu'on ne trouve réalisée nulle-part, et qui, si elle pouvait se réaliser, anéantirait tout à la fois la *nature* et l'expérience.

Thèse IV. *Modalité.* „ Le monde ne peut „ exister, qu'il n'existe en même temps, soit „ dans le monde lui-même, comme en faisant

Thèse de modalité.

,, partie, soit hors du monde, comme cause
,, de son existence, un être nécessairement
,, existant."

Preuve. Le monde sensible, formant l'ensemble des phénomènes ou la totalité des objets
sensibles, contient une série non-interrompue
de changements, de variations. Toutes ces
variations contingentes dépendent d'une condition, qui doit précéder chaque contingence dans
le temps; et ce n'est qu'en vertu de cette condition antérieure, que chaque contingence ou
variation accidentelle peut avoir lieu. Toute
contingence est donc conditionelle. Mais le
conditionnel n'est jamais donné, qu'avec lui
ne soit donnée en même temps la série entière
des conditions, et, avec cette série, l'inconditionnel lui-même. Dans la série des conditions
du contingent, doit donc aussi se trouver cet
inconditionnel, qui lui-même n'est plus contingent, qui ne dépend à son tour d'aucune
condition antérieure, qui est par conséquent
essentiellement et absolument nécessaire. Or,
comme tout ce qui est contingent et variable,
ne marche qu'à la suite de sa condition, suivant
l'ordre du temps, et que la condition doit nécessairement être donnée avant la chose condition-
née, qui n'en est que la suite: la condition
première de toute contingence, l'être absolu et
nécessaire, doit avoir existé, avant qu'il existât
rien d'accidentel. Ainsi cet être nécessaire et
absolu, considéré comme fondement ou cause

première de ce qui n'est que contingent dans le monde, appartient lui-même au monde sensible, aux phénomènes : car toute condition doit être liée à la conditionnelle qui en est la suite, et par conséquent lui appartenir. Ainsi il existe dans le monde même quelque chose d'inconditionnel et d'absolument nécessaire, soit que cette inconditionnelle soit elle-même la série entière des phénomènes, comme un tout donné ; soit qu'elle en fasse partie.

Antithèse. Antithèse. „ Il n'existe, ni dans le monde, „ ni hors du monde, aucun être absolument „ nécessaire, qui soit lui-même le fondement „ de sa propre existence."

Preuve. Supposé que l'univers lui-même, ou quelqu'être, qui en fait partie, existât nécessairement : il faudrait, ou qu'il se trouvât, dans la série des variations phénoménales de l'univers, un commencement absolu, nécessaire, inconditionnel : ce qui répugne à la loi universelle, qui soumet tous les phénomènes à des conditions dans le temps. Ou bien la série elle-même serait sans commencement ; et quoique, dans ce cas-même, tous les termes de la série fussent contingents et conditionnels, la série entière serait néanmoins nécessaire et inconditionnelle ; ce qui implique contradiction : car des parties, qui, prises à part, n'existent qu'accidentellement, ne sauraient, par leur réunion, former un tout nécessairement existant. Cependant il n'y a point

de

de milieu entre ces deux suppositions : „ ou si la série des phénomènes a commencé, ou elle n'a point commencé." Or, si, comme nous l'avons prouvé, l'être nécessairement existant est impossible, dans l'un comme dans l'autre cas; nous devons en conclure, qu'il ne peut rien y avoir dans le monde, qui existe nécessairement et par lui-même.

Il est également impossible qu'il existe hors de l'univers, un être absolument nécessaire. Pour que le contraire eût lieu, il faudrait que l'être nécessaire, comme premier terme dans la série des causes de tout ce qui est contingent dans l'univers, fût lui-même le commencement, le premier anneau de cette chaîne de variations contingentes. Autrement la série entière des contingences ne tiendrait pas à cet être, comme à sa condition : elle ne serait, par conséquent, ni conditionelle, ni contingente, mais nécessaire et existant par elle-même. Et si l'on admet que l'être nécessaire donne un commencement à cette série; on doit alors lui attribuer l'acte de commencer une chose dans la série. Mais cet acte suppose, à son tour, une causalité dans le temps, une raison de ce commencement d'action, qui l'a précedé et déterminé. De cette manière, l'être nécessaire se trouvera dans le temps; il appartiendra à la série des causes, qui opèrent dans le temps, c. à d. au monde : il ne sera donc pas hors du monde; ce qui est précisément le contraire

I

d'une cause séparée du monde. Par conséquent, il n'existe, ni dans le monde, ni hors du monde, aucun être existant nécessairement et par lui-même.

Certitude égale des thèses et antithèses

Il est donc clair, que les quatre thèses sus-mentionnées, ainsi que leurs antithèses, peuvent être prouvées de la manière la plus rigoureuse : puisque la preuve de chaque proposition en particulier est tirée de la fausseté de sa contradictoire. Ainsi, dans la première thèse, p. ex. nous avons démontré la nécessité, que le monde eût commencé dans le temps, par l'impossibilité qu'il n'eût pas commencé ; et dans l'antithèse, nous avons prouvé qu'il n'avait point eu de commencement, par l'absurdité de la supposition contraire. Personne, assurément, ne contestera la solidité de nos raisonnemens, conformes aux règles de la plus saine logique.

On pourrait donc, dans la dispute, se déclarer indifféremment et avec la même certitude de réussite, pour la thèse, ou l'antithèse. Il ne s'agirait, pour avoir gain de cause, que d'entrer le premier en lice, et d'être toujours l'assaillant, sans laisser à son adversaire le temps d'attaquer à son tour : au-lieu, qu'en se tenant sur la défensive, on est sûr de perdre la partie.

Embarras où se trouve la raison, par rapport aux antinomies.

Cependant, comme la *Raison* peut embrasser tour-à-tour l'un ou l'autre parti, c. à d. soutenir indifféremment chaque thèse ou son antithèse contre elle-même ; Il doit en résulter pour elle un embarras inextricable et des contradic-

tions qui semblent ne pouvoir s'éclaircir. Quel
parti prendra-t-elle, dans ce conflit inévitable
de ses propres conceptions ? Approuvera-t-elle,
ou rejettera-t-elle les thèses, ou leurs antithèses ? Il est vrai, d'un côté, qu'au premier *Prépon-*
coup-d'œil, les thèses semblent être plus à la *dérance en*
faveur des
portée de ce qu'on appèle sens-commun, et se *thèses.*
rapprocher d'avantage des idées théologiques de
la plupart des hommes ; et sous ce double rapport, assurément, elles pourraient faire pencher
la balance. Mais, de l'autre côté, les antithè- *Prépon-*
dérance en
ses paraissent mieux s'accorder avec la nature *faveur des*
de notre cognition. En combattant pour ces *antithè-*
ses.
antithèses, l'*Entendement* se tient, pour ainsi
dire, dans ses propres retranchements ; il peut,
dans cette dernière lutte, s'appuyer constamment de ses principes fondamentaux, se servir
de ses formes originelles, sans être obligé, pour
trouver des preuves, de recourir à des sources
étrangères, dont la nature et même l'existence
échappent à ses conceptions. Mais cette pré-
pondérance alternative ne satisfait point la *Rai-*
son ; l'intérêt n'entre pour rien dans ses déci-
sions. Comme faculté concluante, elle ne peut
se rendre qu'à l'évidence, et ne la veut que
d'une part dans les jugements contradictoires.
Les motifs, que nous venons d'alléguer, peuvent avoir plus ou moins d'influence sur les
différents esprits, et faire trouver à l'un plus
de vrai-semblance, là où l'autre en trouvera

moins : mais ils ne décideront jamais la question d'une manière assez complette pour la *Raison*. Au contraire, plus elle se trouve intéressée à cette lutte, plus aussi elle exige de certitude dans la solution du problème. Encore un coup, quel parti prendra-t-elle donc ? Après avoir longtems et inutilement lutté contre elle-même, se jettera-t-elle, pour dernière ressource, dans les bras du scepticisme, réduite à croire que son propre flambeau ne peut l'éclairer, dans la discussion la plus intéressante pour elle-même.

Il semble en effet que c'est là le seul choix, qui lui reste à faire. Car, de supposer que chaque thèse et son antithèse sont également vraies ou également fausses, seul moyen de terminer la dispute, c'est là une supposition difficile à concevoir.

Cependant, si nous réfléchissons attentivement sur cette lutte singulière de la *Raison* avec elle-même, et si nous considérons le point en question d'un œil éclairé par la critique; surtout, si nous nous rappelons tout ce qui a été dit jusqu'à présent de la nature de notre cognition : nous soupçonnerons, au moins, ces problèmes cosmologiques, dont la solution a toujours paru contradictoire, de n'être fondés que sur des suppositions chimériques, de n'avoir pour base que des conceptions absolument vuides. Ce soupçon, qui ne pouvait manquer de s'élever, nous servira, comme nous le ver-

rons ci-après, de premier acheminement à la
decouverte d'une illusion, qui a si long-tems
égaré notre *Raison*.

Dans ce labyrinthe de contradictions, au point, *La raison*
où la *Raison* s'arrête, balancée entre l'évidence *éclairée par la cri-*
d'une part et la même évidence de l'autre, la *tique.*
Critique vient l'éclairer sur son erreur — la
Critique de la Raison-pure, science inconnue
jusques à nos jours, dont la découverte était
réservée à Mons. KANT, et à laquelle ce génie
infatigable autant que profond a donné le plus
grand développement. Simple dans sa marche, autant que ferme dans ses principes et
sûre dans ses déductions, la *Critique* nous apprend que les prétendues vérités, qui se montraient à nous sous un double aspect, et sous
des formes contradictoires, ne sont en effet que
des illusions, et que l'objet des problèmes cosmologiques contradictoires n'est qu'un être de
raison.

Nous avons fait voir plus haut, que tout ce
dont nous avons la perception dans le temps et
dans l'espace, avec tous les objets d'une expérience possible pour nous, se borne à de simples phénomènes, à des perceptions, qui ne
peuvent se présenter à nous, que comme des
quantités étendues ou comme des séries de changements, mais qui, comme telles, n'ont rien
de réel, hors de nos perceptions et de nos conceptions.

*Les phé-
nomènes
semblent
supposer
des êtres
en eux-
mêmes.*

Il paraît, à la vérité, incontestable, que ces phénomènes ou apparences, supposent quelque chose qui apparaît, qui se montre à nous d'une certaine manière, et d'une autre à des êtres diversement organisés : cependant il est impossible de savoir, ou même de conjecturer, avec la moindre vrai-semblance, quelle est cette chose, en elle-même et indépendamment de notre manière de percevoir. Le temps et l'espace sont les formes inséparables et la mesure commune et absolue de toutes nos perceptions et par conséquent de tous les phénomènes. Les phénomènes, modifiés nécessairement par le temps et l'espace, sont les seuls objets, que puissent embrasser nos conceptions. Séparer de ces objets le temps et l'espace, c'est les rendre absolument inconcevables pour nous, et par conséquent, anéantir nos conceptions mêmes. Notre *Sensibilité*, ou faculté d'être affecté, recevant de ces choses des impressions soumises aux formes qui lui sont propres, au temps et à l'espace, nous pouvons, il est vrai, dire à cet égard, que ces choses sont le fondement, la matière première de nos perceptions et des phénomènes; mais est-ce dire en effet ce qu'une chose est en elle-même, que de l'annoncer simplement, comme faisant impression sur nous? Celui, qui, pour la première fois, éprouverait le choc d'une machine électrique cachée à sa vue, serait-il sensé connaître cette machine, en la définissant : la chose qui a produit un choc subit en lui ? Il pourrait, à la vérité, conclure à l'existence d'une cause quelconque du choc qu'il a ressenti, et la comparer vaguement à quelqu'autre chose, qui aurait précédemment produit sur lui un effet à peu-près semblable. Mais il aura beau donner la torture à son imagination : jamais il ne pourra deviner, au moyen seul de l'impression qu'il a reçue, quelle est la matière ou la forme de cet instrument, qui a servi de véhicule au fluide électrique. A plus forte raison est-il impossible pour nous de juger de l'essence des choses en elles-mêmes, par la nature des phénomènes : puisque, dans ce cas, nous n'avons pas même, comme dans l'exemple que nous venons de proposer, l'analogie pour guide, la source d'une perception nous étant aussi peu connue, que la source d'une autre. Et puis, quel fragile fondement ne serait point, en pareil cas, un raisonnement tiré de l'analogie ?

Nous pouvons donc, en quelque sorte, regarder un phénomène, comme un effet profluant, en partie, d'une chose, qui nous est absolument inconnue, quoique nous sachions qu'elle nous affecte ; et, en partie, de nous-mêmes, qui n'en sommes affectés que d'une manière originairement et invariablement déterminée par la nature de notre être. Un phénomène n'est donc pas une chimère : c'est un être

Réalité subjective des phénomènes.

réellement existant *pour nous*, en tant qu'il nous est donné dans l'expérience.

Mais, supposé qu'il n'existât point d'êtres, qui reçussent, à notre manière, des impressions de la part des choses en elles-mêmes : alors il n'y aurait aussi ni temps ni espace, ce qui ferait disparaître tous les phénomènes, qui en dépendent. Lors donc, que nous disputons sur l'existence finie, ou infinie des choses dans le temps et l'espace, ou bien lorsque nous mettons en question, si la matière est, ou non, divisible à l'infini : cette dispute ne roule que sur un mésentendu; c'est que nous prenons les phénomènes, ou les apparences des choses, pour les choses en elles-mêmes, comme si, antérieurement à nos perceptions et indépendamment d'elles, elles existaient réellement, telles qu'elles se présentent à nous, enveloppées des formes inséparables de notre sensibilité. De-là vient que nous admettons une complétion absolue comme démontrée, dans les quatre séries cosmologiques, soit que nous regardions cette totalité comme finie, ou comme infinie. Nous prenons alors les séries, c. à d. la progression rétrograde de condition en condition, et avec elle, le temps, hors duquel il n'y a point de série donnée, pour autant de choses existant en elles-mêmes, ou du moins pour des attributs réels de ces choses, indépendants du

Dispute sur la divisibilité, ou non divisibilité de la matière.

mode et de la nature de nos perceptions. Ce point une fois admis, (et tout nous porte naturellement à l'admettre) le syllogisme suivant ne peut que nous paraître concluant : ce qui n'existe que sous une certaine condition, étant donné, la série entière et complette des conditions, dont il dépend, est aussi donnée. Or les objets sensibles ne nous sont donnés que comme conditionnels. Donc, avec eux, nous est aussi donnée la série entière et complette de leurs conditions.

Le vice de ce raisonnement consiste en ceci. Il est faux que les objets sensibles soient des choses existant en elles-mêmes. Le temps et l'espace, dans lesquels ils se présentent à nous, et par conséquent aussi leur succession dans le temps, n'appartiennent qu'à notre faculté de percevoir. Or, si les séries n'appartiennent pas aux choses elles-mêmes, mais uniquement à nous ; nous ne pouvons, à proprement parler, les attribuer aux objets, comme existant hors de nous. S'agit-il de phénomènes : alors, sans doute, nous pouvons, nous devons même nous les représenter, comme tels, dans l'ordre de ces séries, ou gradations rétrogrades. Mais cela ne nous apprend rien, sinon que, par rapport aux choses qui nous sont données dans l'expérience, c. à d. aux phénomènes, aux apparences des choses, et parceque ces phénomènes dépendent absolument des lois inhérentes aux facultés de

Les objets sensibles ne sont que des phénomènes.

I 5

percevoir et de penser, telles qu'elles sont en nous, nous pouvons remonter sans cesse d'une condition à une autre, sans jamais nous trouver arrêtés par une condition qui ne soit pas conditionnelle d'une autre. Ce n'est donc que dans l'expérience, qu'on trouve des conditions données : et, dans l'expérience, une totalité complette de conditions ne peut exister.

Deux ma-nières de concevoir l'univers. Lors donc que nous nommons l'univers la totalité complette des phénomènes, nous entendons par-là l'univers, ou tel qu'il nous est donné dans l'expérience, ou tel qu'il est effectivement en lui-même. Mais, comme nous l'avons évidemment prouvé, un phénomène, hors de l'expérience, n'est absolument rien; et, dans l'expérience, une totalité complette de phénomènes est absolument impossible. Lors donc qu'on dispute sur une totalité complette de phénomènes, cette dispute roule sur une chose, qui, à proprement parler, n'est point objet pour nous. Ce n'est qu'une illusion, ou plutôt ce n'est rien.

Concilia-tion des antino-mies. En considérant la chose sous ce point de vue; l'unique moyen, qui nous reste pour réconcilier la *Raison* avec elle-même, dans la lutte des antinomies cosmologiques, la supposition que les théses cosmologiques et leurs contradictoires pourraient bien être à la fois également vraies ou également fausses, doit nous paraître moins étrange. Nous allons, en examinant la chose de plus près, nous convaincre, à n'en pouvoir douter, que tel est effectivement le cas, par rapport à ces antinomies.

Dans les deux premières, que nous avons appelées *mathématiques*, parceque la *Raison* s'y trouve en contradiction avec elle-même, au sujet de la *quantité* et de la *qualité*, qui sont des grandeurs; l'illusion, que se fait la *Raison*, consiste en ce qu'elle prétend réunir, ou ramener à une seule conception, deux choses qui sont diamétralement opposées. Et comme cela est impossible, il en résulte nécessairement que la thèse qui énonce une telle conception, et l'antithèse qui exprime le contraire, sont également fausses. *En quoi consiste l'illusion des antinomies mathématiques.*

Soit que, suivant la première de ces antinomies, je regarde le monde comme fini dans le temps et borné dans l'espace, soit que je le regarde comme infini sous ce double rapport: dans l'un, comme dans l'autre cas, je prends le monde pour un tout complet, existant comme tel, non-seulement dans ma conception, mais indépendamment d'elle, et en lui-même, dans le temps et l'espace. Mais, puisque le contraire a été démontré, et qu'il est prouvé, sans contredit, que le temps et l'espace ne sont que des formes de notre *Sensibilité*, formes qui sont en nous et qu'il est absurde de vouloir transporter objectivement aux choses qui sont hors de nous: il faut nécessairement que, et la thèse qui assigne des bornes à *Le monde n'est ni fini, ni infini, dans le temps et dans l'espace.*

l'univers dans le temps et dans l'espace , et l'antithèse qui rejette ces bornes, soient également fausses. Un monde sensible, un monde de phénomènes, existant en lui-même, est une contradiction manifeste; et dire d'un être de raison, dont la conception est contradictoire d'elle-même, qu'il est fini, ou qu'il est infini, c'est donner, de part et d'autre, dans la même absurdité.

La matière n'est ni divisible, ni indivisible à l'infini. Il en est de même, par rapport à la seconde antinomie. Dire que la matière est composée de parties simples, c'est dire que la série des parties qui la composent est finie. Soutenir, au contraire, que les éléments de la matière sont des êtres composés, c'est avancer que la même série est infinie. Or, dans l'un, comme dans l'autre cas, on prend la matière pour une chose, qui, hors de notre conception et considérée en elle-même, a dans l'espace, une existence, qui est en conformité avec la conception que nous en avons. C'est en cela précisément, que consiste l'illusion. La matière est un phénomène; et nous avons beau en poursuivre la division : chaque partie divisée sera toujours un phénomène, conçu dans l'espace divisible, et par conséquent divisible elle-même, sans que nous puissions jamais parvenir à des parties tellement simples, qu'elles ne soient susceptibles d'aucune autre division, c. à d. qu'elles ne soient plus phénomènes. La composition de la matière,

consistant dans la totalité d'un nombre infini de
parties, n'est pas plus une donnée pour nous,
que l'élément indivisible de la matière. Par
conséquent, ni une série de parties simples, ni
une série de parties composées, ne peuvent
jamais nous être données dans l'expérience.
Ni l'une ni l'autre n'existent donc pour nous :
car rien n'existe pour nous, que ce dont nous
avons, ou dont nous pouvons du moins avoir
l'expérience. Hors de nous, c. à d. hors de
notre perception, une série de parties n'est
plus rien. Hors de nous, une série cesserait
d'avoir pour mesure le temps et l'espace, qui
ne sont qu'en nous ; et hors du temps et de
l'espace, une série n'est plus rien. Concluons
donc, qu'une matière, dont les parties existent
en elles - mêmes, est une conception contradictoire. Ainsi la thèse, qui énonce la divisibilité
de la matière, et l'antithèse, qui énonce son
indivisibilité, sont également fausses.

Chacune des thèses, et des antithèses mathé- *Erreur de*
matiques, tend, comme on le voit, à réunir *la Raison*
dans les
deux conceptions diamétralement opposées. La *antino-*
mies ma-
Raison, dans ces proportions, prétend allier, *thémati-*
dans une seule et même conception, la grandeur *ques.*
et la qualité de l'univers, qui ne sont en effet
que dans notre faculté de concevoir, avec ce
que l'univers est en lui-même et hors de notre
conception ; c. à d. avec une inconnue, qui
ne peut être mise en équation ni avec le temps
ni avec l'espace. C'est comme si l'on voulait

allier les conceptions de *cercle* et de *quarré* ; il
en résulterait une antinomie semblable à celles
des idées cosmologiques. ,, Un cercle quarré
,, n'est pas rond ," pourrait-on dire, ,, puis-
,, qu'il est quarré" — ,, un cercle quarré est
,, rond ," pourrait-on répondre, ,, puisque
,, c'est un cercle." Ces deux conclusions
seraient également fausses ; parce qu'elles sont
fondées sur une supposition absurde, comme
cela a lieu dans les antinomies *mathématiques* de
la cosmologie.

Illusion des anti- nomies dy- namiques. Passons aux antinomies, que nous avons
appelées *dynamiques*, conformément aux caté-
gories, dont elles, découlent. L'illusion consiste, dans ces deux dernières antinomies, en
ce que la *Raison* y considère, comme opposées,
deux conceptions faciles à concilier ; ce qui ne
peut manquer de la mettre en contradiction avec
elle-même, quoique par un mésentendu différent de celui, qui a lieu dans les antinomies
mathématiques. Nous avons vu, que, dans
celles-ci, la thèse et son antithèse étaient fausses : parce que l'une et l'autre étaient fondées
sur des suppositions absurdes, quoique leur
absurdité fût difficile à appercevoir, à cause de
de l'illusion presqu'inévitable, qui naît de la
nature de notre *Sensibilité*, et qui ne peut
qu'influer aussi sur notre *Entendement*. Dans
le cas des antinomies *dynamiques*, au contraire,
la thèse et l'antithèse peuvent toutes deux être
vraies, parceque leur contradiction n'est qu'ap-

parente. Dans les antinomies *mathématiques* ,
le fondement de la contradiction doit être cher-
ché dans les principes sur les quels ces propositions sont établies : dans les antinomies dynamiques, elle doit être cherchée dans les conséquences mêmes. Quelques réflexions rendront cette
différence plus sensible.

Les antinomies dynamiques, à propement *Sens des proposi-*
parler, n'affirment rien au sujet de l'étendue et *tions con-*
de la réalité, c. à d. du *matériel* de l'univers. *tradictoi-*
res dyna-
En d'autres termes, la *Raison*, dans ces antino- *miques.*
mies, ne détermine pas ce qu'est le monde, par
rapport à l'idée, que nous nous en formons en
conséquence de notre faculté de percevoir (*) ;
elles n'ont pour but que de découvrir et d'énoncer le fondement de son existence et sa manière
d'exister. Ou plutôt, la *Raison* cherche, dans
les antinomies dynamiques, moins à remonter,
par voie de série, jusques à l'existence de l'univers, qu'à pénétrer jusques à la source de cette
existence, en suivant la série des conditions,
d'où dépend l'existence des phénomènes en général. Elle exige une complétion absolue dans
la série des causes, comme dans celle des existences contingentes. Mais, comme il n'est pas
nécessaire que les conditions des phénomènes

(*) Suivant notre faculté de percevoir et notre faculté de
concevoir, nous considérons l'univers sensible, comme un
tout composé et hors de nous, suivant la *grandeur ;* suivant la *qualité,* la matière est la chose réelle, la substance,
dont il est composé dans l'espace.

ou des objets sensibles soient elles mêmes sensibles ou phénoménales, et qu'elles pourraient fort bien être d'une nature toute différente, sans qu'il en résultât la moindre contradiction ; il pourrait fort bien arriver aussi, que la série entière des conditions des phénomènes en général dépendit, comme telle, d'une condition supérieure, qui n'étant point sensible, se trouvât placée hors de la série. La *Raison* se trouve ainsi satisfaite à deux égards : d'abord elle n'a pas besoin de renoncer à l'inconditionnel dans la totalité des conditions ; en second lieu, elle peut toujours considérer la série des phénomènes comme non-interrompue, et chaque terme de cette série, en particulier, comme conditionnel, comme dépendant d'un autre terme, d'un état antérieur, qui a toujours lieu dans les phénomènes.

En partant de-là, pour procéder à l'examen de la lutte élevée entre la liberté, d'une part, et l'assujettissement aux lois de la nature, de l'autre, il est aisé de se convaincre que l'opposition n'est qu'apparente, et qu'il est possible de concilier ces deux propositions : „ il existe une „ causalité indépendante (liberté), un libre agent, „ sans lequel il est impossible de rendre raison „ de l'existence des lois naturelles ;" et — „ tout, dans la nature, suit l'impulsion de lois „ naturelles."

Il est certain que, dans l'univers sensible, tout est lié dans le temps. Tous les événements

ments s'y succèdent ; et tout ce qui arrive, arrive toujours, suivant de certaines lois, en conséquence de quelque autre chose qui a précédé. Mais, chaque effet étant un phénomène, une chose qui n'a d'existence que dans notre perception ; dire que, dans l'univers, tout se lie dans la série du temps, ne signifie autre chose, si non, qu'en vertu de la disposition originelle de notre faculté de connaître, nous ne pouvons nous représenter le monde sensible, avec toutes les variations qu'y subissent les phénomènes, que comme lié dans le rapport de précession et de succession dans le temps. Mais il ne s'ensuit pas de-là, que, hors de cette série de variations, il ne puisse exister une chose en elle-même, non-sensible, non-phénomène pour nous, qui soit le fondement, la condition première des phénomènes. Il serait même absolument impossible de rendre raison de l'existence des phénomènes ; si l'on se refusait à admettre des choses en elles-mêmes, qui nous apparaissent, quoique nous ignorions absolument quelles sont ces choses. Tout ce que nous en savons, c'est qu'elles n'ont aucune liaison avec le temps, celui-ci n'étant qu'une forme de notre faculté de percevoir.

La thèse et sa prétendue antithèse ne s'excluent pas mutuellement dans la troisième *anti-nomie* : toutes deux peuvent être vraies. Nous avons observé plus haut qu'une cause peut bien

Thèse et antithèse de relation, conciliées.

K

être d'une autre nature que son effet. Ainsi une chose peut bien être, sous un rapport, un effet de la nature, et sous un autre rapport, effet d'une cause libre. Il est vrai que, parmi les causes, qui appartiennent à une série et par conséquent aux phénomènes eux-mêmes, tous subordonnés à une détermination de temps, il ne s'en trouve pas une, qui soit le premier terme d'une série: car alors chaque cause se trouve être, dans son action, un phénomène subordonné, comme tel, à la loi générale de la nature, en vertu de laquelle tout ce qui arrive doit avoir un fondement, une raison antérieure de son existence. Mais, comme nous ignorons ce que peut être en lui-même un sujet actif, un agent, et que nous ne le connaissons, que tel qu'il se montre à nous, dans une série ou succession de temps; on peut supposer sans absurdité, qu'un tel sujet possède une faculté, qui n'est point un phénomène, et qui cependant peut être une cause de phénomènes. Or, en tant que ce sujet n'est point phénomène, il n'est pas nécessaire qu'il soit assujetti à la loi, qui veut que *tout ait une cause.*

Thèse et antithèse de modalité, conciliées. Ce qui vient d'être dit des trois premières antinomies, suffit pour faire pressentir ce qui nous reste à dire de la quatrième. On conçoit déjà qu'il n'est pas nécessaire qu'un être absolument inconditionnel soit d'une même nature avec les êtres conditionnels, qui lui sont subordonnés, et dont il est la condition première.

Dans cette antinomie, la thèse et son antithèse peuvent donc aussi être également vraies. Le monde sensible, comme série totale de variations continuelles, qui sont toutes contingentes et dépendantes les unes des autres, ne répugne aucunement à l'existence d'un être nécessaire, indépendant, existant par lui-même et se suffisant à lui-même. Or, cet être n'étant point phénomène, n'appartiendra pas au temps, à la série ou suite continue de contingences et de variations. Il n'existera pas non plus comme premier anneau de cette chaîne, que notre œil ne peut mesurer; mais il sera hors de la série des phénomènes, au-delà de l'univers sensible. Il ne sera donc pas soumis à la loi de dépendance: il sera inconditionnel, indépendant, et néanmoins nécessaire. Cependant la loi de la nature, qui assujettit tous les phénomènes dans leur naissance comme dans leur anéantissement, n'en restera pas moins en son entier. Elle peut même par-là s'expliquer beaucoup mieux; car il se présente toujours une difficulté insurmontable à admettre, p. ex. d'un côté, la série entière des effets, comme autant de suites nécessaires, profluant de leur cause et déterminés par elle, et de considérer, de l'autre, la série entière des causes antérieures, comme des contingentes, dont l'existence ne serait point nécessitée. Mais l'être nécessaire et existant par lui-même peut être considéré comme un agent libre.

Nécessité de l'être inconditionnel, différente de la coërcition de la nature. Cependant il est essentiel d'observer, que la manière, dont nous admettons une existence nécessaire et inconditionnelle, comme premier fondement de tous les phénomènes, diffère de la manière, dont nous avons supposé, dans la troisième antinomie, une cause comme libre agent, comme premier terme d'une série. Chaque fois que nous parlons d'un acte libre, nous concevons sans doute un être en lui-même, par qui cet acte est produit: cependant cet être libre appartient, comme cause à la série des causes sensibles. Mais il en est tout autrement d'un être, qui, nécessaire par lui-même, est le fondement absolu de tout ce qui est conditionnel et contingent : car, en admettant un tel être et en le considérant simplement comme tel, la *Raison* a moins en vuë la causalité inconditionnelle de l'être nécessaire, ce qui indique liberté, que son existence inconditionnelle, *en qualité de substance* qui contient en elle-même la raison de son être.

Il s'agit donc ici, comme on le voit, d'une nécessité toute différente de la coërcition dans la nature. La nécessité comprise dans la conception de cette espèce de fatalité consiste en ce qu'une chose peut-être considérée comme suite nécessaire d'une autre chose, comme forcée invinciblement par cette autre chose, en vertu des lois invariables de la nature, à prendre une existence dans le temps. L'existence de l'être inconditionnel, au contraire, est telle, que la nécessité de cette existence est déterminée par sa nature même et par sa propre essence.

C'est ainsi que la *critique de la Raison-pure* termine enfin la lutte, jusqu'à présent crue interminable, de la raison avec elle-même, en faisant voir que, dans les deux premières antinomies, la *Raison*, éblouie par une illusion qui a sa source dans la nature même de notre cognition, et à laquelle il est par conséquent difficile de se soustraire, em-brasse dans une même conception deux choses diamétralement opposées. Il résulte de cette erreur, que, se fondant tantôt sur l'une et tantôt sur l'autre de ces deux choses, et croyant toujours partir du même point, elle part en effet de deux points opposés, pour aboutir, quoique par une marche toujours régulière, à deux conclusions qui se détruisent mutuellement. Dans les deux dernières anti-nomies, au contraire, la *Raison* désunit, com-me contradictoires, deux conceptions faites pour aller de pair, et en tire des conséquen-ces, qu'elles prend pour contradictoires; quoi-qu'en effet l'une n'énonce rien qui soit réelle-ment opposé au contenu de l'autre.

Lutte de la Raison contre elle-même terminée par la Critique.

Cette contradiction, si désesperante pour le philosophe, se concilie et disparaît, à la voix de la *Raison* qui s'interroge et se sonde elle-même, avec l'illusion qui l'a fait naître. Cette

En quoi consiste l'illusion de la rai-son.

K 3

illusion naît uniquement de ce qu'on transporte
l'*idée* de *totalité absolue*, qui ne peut avoir
de valeur que pour les choses en elles-mêmes,
à des phénomènes, qui ne s'offrent à nous
que dans notre perception et considérés dans
une série rétrograde, sans qu'une pareille rétrogradation ait lieu hors de notre perception.
On confond les phénomènes, ou les apparences des choses, avec les choses mêmes qui apparaissent ; et des formes qu'elles empruntent
nécessairement dans leur apparition de la conformation naturelle de notre *Sensibilité*, et
sans le secours desquelles nous ne pourrions
avoir la conscience des phénomènes, nous en
faisons à tort les formes propres des choses
en elles-mêmes.

*Phénomé-
nalité des
objets,
prouvée
par la
Critique.*
Que ce ne sont pourtant que des phénomènes, des choses qui nous paraissent telles,
c'est ce dont nous avons donné plus haut des
preuves, aux-quelles la solution raisonnée des
antinomies ajoute le dernier degré d'évidence.
Il n'y avait que la théorie de la *Philosophie
critique*, théorie appelée *idéalisme transcendental* par le Philosophe qui le premier créa cette
science, qui pût terminer cette lutte intéressante et si long-tems funeste pour le genre
humain. Il n'y avait qu'elle, qui pût fermer
cette source naturelle de scepticisme, et arrêter
le torrent des ravages causés par ses déborde-
ments, avec un succès d'autant plus assuré
et plus durable, qu'elle n'emprunte point pour

cela le ton décisif et sentencieux du dogmatisme. C'est un effort, dont la *Raison spéculative* n'eût jamais été capable : puisque c'est elle-même, qui par sa nature donne lieu à cette lutte surprenante. Ce succès était réservé à la *Critique* : c'est elle, qui, partant d'un scepticisme raisonnable, peut seule (quelque paradoxe que cela paraisse d'abord) rassurer la *Raison* contre les atteintes du scepticisme même.

En même temps qu'elle éclaire la *Raison* sur sa contradiction apparente avec elle-même, la théorie de la *Philosophie-critique* fournit pour ses propres principes, quoique déja suffisamment prouvés par l'analyse de notre cognition, une preuve immédiate et frappante, qui vient ici s'offrir d'elle-même. Si l'univers était un tout existant en lui-même (non phénomène ;) il serait ou fini, ou infini. Or l'une et l'autre de ces suppositions sont fausses : le monde n'est ni fini, ni infini. Donc l'univers n'est pas un tout existant en lui-même. — Ce qui prouve que les phénomènes, en général, c. à d. abstraction faite de notre perception, ne sont rien. *La théorie de la Critique prouvée par ses propres déductions.*

Les idées cosmologiques forment le vrai point central, d'où notre vuë peut se promener sur toute l'étendue de la *Philosophie-critique*, comme sur un vaste horison déployé à nos regards. D'ici nous pouvons la considérer en sureté dans toutes ses parties, sans *Point de vuë de la Philosophie-critique.*

craindre l'illusion de l'expérience , qui tend sans cesse à nous en détourner. Ici sur-tout elle s'annonce comme la *science des connais-sances* humaines, soumettant à son empire tou-tes les sciences et tous les arts, qui viennent se concentrer autour d'elle, et sur lesquels elle ne peut manquer d'avoir, dans la suite, l'in-fluence la plus marquée et la plus avantageuse. Cette dernière assertion , du moins, ne sera pas révoquée en doute par quiconque sait combien de fois le manque de principes sûrs a non-seulement retardé ou même arrêté les progrès des connaissances humaines; mais en-core combien de fois on s'est vu obligé, dans la recherche de la vérité , de revenir sur ses pas, et de démolir, dans les sciences pratiques comme dans les sciences spéculatives, des éta-lages pompeux, pour bâtir à leur place de nou-veaux systêmes , toujours prêts à s'écrouler. Et qui ne prévoit pas déja les effets salutai-res , que pourra produire , à cet égard , la *Critique de la Raison-pure*, chaque fois qu'il s'agira des premiers principes ; pourvu qu'elle soit maniée par des mains habiles et toujours attentives à en faire l'application aux objets de notre connaissance d'expérience, qui, comme nous l'avons vu, dépend entièrement de notre cognition-pure ?

Ces idées cosmologiques confirment donc et mettent dans tout leur jour les vérités déja établies et développées dans la *Philosophie-cri*

Influence de la Phi-losophie-critique.

tique. Ces vérités nous appartiennent donc originairement, puisqu'elles sont puisées dans la nature même de notre cognition, au moyen de l'analyse de cette faculté même.

Nous avons montré très au long, en traitant des catégories et des principes fondamentaux de l'*Entendement-pur*, qui en découlent, qu'au moyen de ces conceptions-pures, prises en elles-mêmes et sans en faire l'application aux phénomènes de notre sensibilité, nous ne pouvons nous représenter aucun objet : parceque'une conception, sans contenu, sans matière, ne représentant absolument rien, il ne s'y trouve que la forme toute simple de la pensée, en général, sans aucune détermination objective. Mais, si les catégories de l'*Entendement* ne contiennent par elles-mêmes rien de réel : les idées, ou conceptions-pures de la *Raison*, s'éloignent encore plus de cette réalité. *Réalité objective des idées, nulle.* Les catégories peuvent, au moins, se réaliser objectivement, pourvu qu'on les applique aux perceptions de la sensibilité : mais les idées ne sont applicables à aucune perception. Toutes requièrent une perfection ou totalité absolue, qui ne se rencontre dans aucun des objets soumis à l'expérience.

Quelque éloignées que soient ces idées de *Idéal.* pouvoir être réalisées dans l'expérience, il semble néanmoins que ce qu'on appèle *idéal*, dans la *Philosophie-critique*, en est plus éloigné encore. On entend par *idéal* une chose, qui n'est susceptible d'application à aucune autre chose, qui n'est commensurable avec rien, qui est déterminable seulement, mais en même temps, exactement déterminée, par la *conception-pure de la Raison*. Un *idéal* est donc l'existence *intellectuelle* ou déterminée par la pensée, d'une chose, comme individu, déterminé complétement par l'idée seule de la *Raison:* nous en donnerons des exemples.

La nature humaine dans toute sa perfection, est un *idéal*, qui renferme, non-seulement tous les attributs réels de l'humanité dans un degré d'étendue et de perfection, qui quadre exactement avec l'*idée* que nous avons du but le plus relevé de la nature humaine; mais encore tout ce qui, au de-là de cette *idée* même, appartient à la détermination progressive de cette conception.

Ce que la *Philosophie-critique* appèle idéal, PLATON l'appelait une idee de l'intelligence divine, un objet intellectuel dans l'intuition pure de Dieu, comme ce qu'il y a de plus parfait dans chaque espèce d'être possible.

Vertu, sagesse humaine, dans toute leur pureté, sont des *idées*; le sage des Stoïciens est un *idéal*; c. à d. un homme, un individu, qui n'existe que dans la pensée, mais qui quadre parfaitement avec l'*idée* de la sagesse et de la vertu humaine dans toute leur perfection.

De même que l'*idée* nous fournit la règle, suivant laquelle nous créons, pour ainsi dire, et nous réalisons l'*idéal* dans notre imagination ; ainsi l'*idéal* est , à son tour , l'original , le modèle par excellence , sur lequel nous mesurons le but et la nature de ce dont l'*idéal* exprime ou représente la perfection suprême. Nous n'avons point d'autre mesure de nos actions morales , que l'exemple de cet *homme divin* , présent à notre imagination , auquel nous nous comparons nous-mêmes , et d'après lequel nous pouvons nous juger , pour régler notre existence morale sur ce modèle , et tendre ainsi sans relâche vers l'*idéal* de la perfection en ce genre , quoique convaincus de ne pouvoir jamais y atteindre.

Quoique nous ne soyons pas en droit d'attribuer avec pleine évidence une réalité objective à un *idéal*; nous ne pouvons cependant pas non plus le regarder comme une pure chimère. L'*idéal* est pour la *Raison* une mesure indispensable pour désigner la conception de perfection de chaque chose en son genre , et déterminer le degré d'imperfection de tout ce qui n'est point parfait.

Idéal indispensable à la Raison.

L'*idéal* le plus sublime et le plus naturel à l'homme raisonnable est celui de la divinité. Il est appelé dans la *Philosophie-critique* , *idéal de la raison-pure* , par excellence. La *Raison* s'élève à cet *idéal* au moyen des conclusions disjonctives. Que le lecteur se rappele ici l'exemple que nous avons cité plus haut , pour rendre palpable la nature de ces jugemens. D'abord on rassemble deux ou plusieurs

Idéal de la Raison-pure, par excellence

propositions , tellement en relation les unes avec les autres, que leur ensemble embrasse le cercle entier de toutes les possibilités par rapport à une chose, tandis que chacune en particulier contient une partie de cette possibilité entière; comme quand on dit : le monde doit son existence ou (*a*) au hasard, ou (*b*) à une nécessité qui tient à son essence, ou (*c*) à une cause hors de lui. Cette proposition en contient trois autres, considérées comme renfermant dans leur ensemble le cercle entier des causes possibles de l'existence du monde. Pour conclure affirmativement à l'une d'entre elles, il ne faut que poser, dans la mineure, la fausseté des deux autres. Supposé p. ex. la fausseté des propositions (*a*) et (*b*), il ne restera nécessairement de vrai que la troisième proposition (*c*).

En réduisant ainsi à un seul point le cercle entier des possibilités par rapport à une chose, sa conception se trouve en effet déterminée : puisque, de toutes les parties, qui formaient l'ensemble de la connaissance possible à cet égard, il n'en reste qu'une, qui puisse appartenir à la chose, comme prédicat. Ainsi, en suivant la forme des jugements disjonctifs, la *Raison* assigne un prédicat à la chose, en séparant de cette chose tous les autres prédicats, rassemblés dans le cercle entier des prédicats possibles ; ou bien, après avoir supposé tout ce que la chose *peut être*, la *Raison* détermine ce qu'elle *est*, en séparant de sa conception tout ce qu'elle *n'est pas*. Cependant, comme de tous les modes de réalité convenables à chaque espèce de choses, nous ne connaissons que ceux qui nous sont donnés dans l'expérience; il est clair qu'au moyen des parties *disjonctibles*, nous ne pouvons jamais former la conception universelle de la réalité possible d'une chose, telle qu'elle embrasse en entier l'ensemble de toutes les possibilités. La majeure transcendante, c. à d. la conception qui embrasse la totalité absolue des possibilités d'une chose en général, est une *idée* de la *Raison*. La *Raison* adopte cette *idée*, parcequ'elle en a besoin, comme d'une condition première de toute existence possible; de même qu'elle a besoin d'une conception totale et universelle, pour déterminer et circonscrire, au moyen d'un jugement disjonctif, la conception particulière d'une chose. Ainsi cette idée se rapporte à une existence générale, qui comprend en elle toute réalité, et qui est, par conséquent le premier fondement de toute possibilité.

Cette existence nous conduit à un *être primitif*, source de toute existence possible, *être-suprême*, qui ne dépend d'aucun autre être, *être des êtres*, de qui dépendent tous les autres êtres; en un mot, à un être suffisant en lui-même et par lui-même, nécessaire par sa propre essence, et par conséquent immuable. *Dieu, fondement premier de toute existence.*

Cet être des êtres, que nous nommons DIEU, la *Raison* l'exige, comme fondement primitif et inconditionnel de toutes choses.

Quelqu'indispensable qu'il soit pour la *Raison* d'admettre ainsi un point fixe, qui serve à l'*Entendement* de fondement général pour la détermination de ses conceptions, elle ne tarde cependant pas à reconnaître combien peu elle serait fondée à attribuer une existence objective à cet *idéal* créé par la pensée; si en même temps elle n'était contrainte, en remontant de condition en condition, de saisir enfin un point, où s'achève la série des conditions et où se termine tout d'un coup sa course. *Marche de la Raison humaine.* Telle est, sans exception, la marche de la *Raison* humaine. Elle ne commence point par des conceptions; mais, partant de l'expérience, elle se fonde d'abord sur ce qui est donné, dans cette expérience, comme existant. Cependant ce premier fondement, cette existence donnée dans l'expérience, s'écroule, s'il n'est fondé lui-même sur quelque chose qui soit essentiellement nécessaire, et par conséquent immuable: car il n'y a que l'être inconditionnel et nécessaire, qui puisse ainsi servir de point d'appui inébranlable.

Réalité infinie de l'être inconditionnel. D'un autre côté, cet être inconditionnel et nécessaire ne serait lui-même qu'un point mobile, flottant dans l'immensité de l'*espace* vuide, s'il ne remplissait tout, de manière à ne plus laisser aucun lieu à la supposition d'un autre fondement, qui lui servît de base à lui-même; c. à d. si à cet être inconditionnel n'appartenait tout à la fois une réalité nécessaire et infinie. Ainsi la *Raison* exige une totalité de réalité, un être originairement nécessaire et infini, à l'existence duquel elle conclut de la manière suivante:

Pour admettre l'existence d'une chose, quelle *Existence* qu'elle puisse être, il faut admettre d'abord *en général* qu'il existe une chose nécessairement : car *dépend* tout ce qui n'a qu'une existence contingente, *d'une existence nécessaire.* existe seulement sous la condition d'une autre chose, qui en est la cause. En remontant ainsi de l'effet à sa cause, et d'une cause à une autre cause, il faut enfin que la *Raison* s'arrête à une cause, qui n'est plus contingente, qui est sans condition; et par conséquent indépendante d'ailleurs, et nécessaire en elle-même. Une fois remontée à cette existence, comme cause inconditionnelle, la *Raison* cherche la conception d'un être qui s'accorde avec l'*idée* de cette existence. Pour la trouver, elle rassemble en une seule conception la sphère entière de tous les êtres possibles, dans la quelle est comprise par conséquent aussi l'être par excellence. Réduisant ensuite cette sphère qui comprend l'universalité des êtres, et en retranchant par la pensée tout ce qui ne s'accorde pas avec l'*idée* de l'existence nécessaire; il ne reste, de cette conception totale de la *Raison*, qu'un seul point, comme cela a lieu dans les raisonnements disjonctifs : et ce point ne peut être que l'être inconditionnel, possédant essentiellement en lui-même la raison de son existence.

La Raison suit différentes routes pour parvenir à l'existence nécessaire. Toutes les preuves que la *Raison* fournit pour l'existence d'un être-suprême, ont en général ce principe pour base. Cependant elle ne suit pas toujours la même route, pour y ramener ses démonstrations : elle en a trois différentes. Il suffira d'examiner chacune d'elles en particulier, pour connaître jusqu'à quel point la *Raison* peut prouver l'existence de Dieu par la seule spéculation, et sans le secours des preuves morales. Quant à ces preuves morales, l'analyse de la *raison-pure*, dans son usage *pratique*, fait voir qu'elles mettent l'existence d'un être-suprême dans le jour le plus évident. Nous n'en parlons pas ici, notre plan se bornant à l'usage *spéculatif* de la *Raison*. Nous nous contenterons de rechercher, si, en suivant l'une ou l'autre des trois routes, que la *Raison* se fraye, et qui sont les seules qu'elle puisse suivre en cela, elle peut parvenir à démontrer complettement l'existence de l'être, qui est l'objet de toute théologie.

Preuves de l'existence de Dieu, Physico-théologique, Cosmologique, Ontologique. Les preuves de la *Raison* spéculative, en faveur de l'existence de DIEU, se réduisent donc à trois. KANT les distingue par les dénominations de *physico-théologique*, *cosmologique*, et *ontologique*. Les deux premières ont pour base l'expérience, l'une se tirant du mécha-

méchanisme de l'univers , et l'autre de son existence en général ; la troisième est fondée sur la conception transcendentale de l'être.

Pour atteindre à la preuve *physico-théologi- que* , la raison part de l'expérience , telle qu'elle est possible pour nous. En s'élevant à la contemplation de l'univers , de sa gran-deur majestueuse et de son étonnante con-struction, l'esprit humain y découvre un plan, un dessein régulier. Voyant ensuite l'enchaî-nement de ses parties et l'harmonie de ses ressorts, et retrouvant par-tout une suite non-interrompue de causes et d'effets, il remonte, suivant les lois de la *causalité* , jusques à une première cause , au de-là du monde sensible et des bornes étroites de l'expérience.

Déduction de la preuve physico-théologi-que.

La preuve *cosmologique* a de même l'expé-rience pour base, mais une expérience indéter-minée, qui n'indique en elle-même que l'exi-stence de tel ou tel être en général , sans avoir particulièrement en vuë le mode de cette existen-ce. En partant de ce point , la *Raison* re-monte d'une existence à une autre existence, d'une seconde à une troisième , et ainsi de suite, jusqu'à l'idée de l'existence nécessaire , ou de l'être nécessairement existant.

Déduction de la preu-ve cosmo-logique.

Enfin , pour parvenir à la preuve *ontologi- que* de l'existence de DIEU, la raison se dégage entièrement de toute espèce d'expérience, pour ne s'occuper que de ses conceptions *à priori* ; et , à l'aide de l'analyse de ces conceptions ,

Déduction de la preu-ve ontolo-gique.

L

elle tâche de prouver l'existence d'une première cause, comme inhérente à notre manière
de la concevoir, et par conséquent, comme
découlant de la nature de notre cognition même.

KANT commence l'examen de ces trois genres
de preuves par celui de la preuve ontologique ;
il passe de-là à la cosmologique ; et termine
ses recherches à la preuve phyfico - théologique.
Il a vu que la première servait de fondement à
la seconde, et que la dernière était, à son tour,
fondée sur les deux autres : de sorte, qu'à proprement parler, il n'y a qu'une seule espèce de
preuve : parceque les deux autres, quoique
partant de deux points différents, viennent
néanmoins se réunir dans la preuve ontologique, et que, par conséquent, leur valitidé dépend
de celle de cette dernière.

Exposi-
tion de la
preuve on-
tologique.
Cette preuve ontologique, dérivant de la
connaissance de l'être en général, se présente
en même temps que la conception de l'*être de*
tous les êtres le plus réel. Elle a pour but de
convaincre, au moyen de la simple analyse de
cette conception même, non - seulement de la
possibilité , mais encore de la nécessité de
l'existence d'un tel être.

D'abord, pour qu'un tel être soit possible,
il suffit que sa conception ne renferme rien de
contradictoire : car il n'y a d'impossible que ce
qui est en contradiction avec soi - même. Or
la conception de réalité, excluant toute négation,
et toute opposition avec soi - même, doit être

possible : car il n'y a de contradictoire de *l'être*, que la négation ou le *non-être*. Après avoir ainsi prouvé la *possibilité* de l'existence de Dieu, on part de ce point, comme donné, pour arriver à la preuve de son *existence*. Dans la conception, que nous avons de la toute-réalité possible, est déja, dit-on, renfermée l'existence même. Or il est impossible de concevoir l'existence de la toute-réalité, sans concevoir, en même temps, cette existence comme lui appartenant essentiellement. Donc la possibilité d'exister et l'existence réelle se trouvent nécessairement liées dans la conception de cet être : de manière, que, si cet être n'existait pas *réellement*, il ne serait pas *possible* qu'il existât. Donc, pour prouver son existence *réelle*, il suffit de prouver son existence *possible*. Et si l'existence réelle de l'être-suprême découle nécessairement de sa possibilité d'exister prouvée; il existe donc nécessairement, c. à d. il est impossible qu'il n'existe pas.

Cette preuve n'a de valeur, qu'autant que ces deux propositions, ,, Dieu peut exister:'' ,, Dieu existe réellement,'' se supposent mutuellement, et que toutes deux découlent de la conception d'un être suprême, de manière que rejetter l'une, en admettant l'autre, serait une contradiction manifeste. *Examen de la preuve ontologique.*

Mais nous remarquerons d'abord, au sujet de la *possibilité*, qu'il s'agit ici, non d'une

possibilité *réelle*, mais seulement d'une possibilité *logique*. Pour qu'une chose soit logiquement possible, il suffit qu'elle ne soit pas
en contradiction avec elle-même: pour qu'elle
soit réellement possible, il faut en outre,
comme nous l'avons dit au sujet du principe
de possibilité, qu'elle s'accorde avec les fondements de notre *Sensibilité* et de notre *Entendement*. La possibilité réelle, à la vérité, suppose nécessairement la possibilité logique; mais
il n'en est pas de même de la seconde, par rapport à la première. Tout ce qui est possible
dans la pensée, ne l'est pas pour cela dans
la réalité.

Dans la preuve ontologique pour l'existence
de Dieu, on fonde en premier lieu la possibilité réelle d'un être suprême sur sa possibilité
logique; et cette conséquence est évidemment
fausse. Tout ce que je puis penser, c. à d.
tout ce qui, dans ma conception, ne se contredit pas, n'est pas pour cela réellement possible. Combien moins suis-je donc autorisé à
assigner, non-seulement une possibilité, mais
une existence réelle, et jusqu'à une existence
nécessaire, à ce que peut saisir ma pensée,
pour cela seul qu'elle peut le saisir? A la vérité, il est de toute impossibilité qu'un être,
qui existerait nécessairement, n'existât pas.
Mais nous n'en sommes guère plus avancés,
pour avoir cette certitude; elle ne nous apprend
rien de plus, que cette supposition : ,, s'il existe

un être nécessaire , il est impossible qu'il
n'existe pas." On raisonne sans doute con-
séquemment, en concluant, de l'existence d'un
tel être, à la nécessité de son existence: puisqu'en ce cas, la nécessité est comprise dans la
conception même de l'existence. Mais où est
la preuve de cette existence? Il est évident que
la raison ne peut nous la fournir. Si elle était
autorisée à réaliser la conception de l'être suprême, ou à fonder son existence réelle sur sa
simple conception ; alors cette proposition :
„ tout ce que nous concevons, existe réellement," devrait renfermer une vérité incontestable. Elle est cependant trop absurde, pour
qu'il soit nécessaire de nous y arrêter plus
longtems.

Il est donc incontestable, que la simple con- *Résultat*
ception d'un être suprême ne renferme rien *de l'exa-*
moins que la réalité de son existence. Jamais *men de la*
preuve on-
la conception d'une chose ne peut emporter *tologique.*
son existence réelle. Nous ne pouvons conclure à cette réalité, qu'au moyen de la perception. La perception d'une chose, jointe à
sa conception, lie cette conception à l'existence même de la chose. C'est le seul cas, où
cette réunion soit possible.

La preuve *cosmologique* commence par l'ex- *Examen*
périence, sur laquelle est fondée la conception *de la preu-*
ve cosmo-
générale de l'univers. Nous partons de ce qui *logique.*
est contingent dans l'univers , pour conclure
à un être nécessaire par lui-même , suivant

les lois de la causalité ou raison-suffisante, comme il arrive dans la thèse de la quatrième antinomie. Après être remonté suscessivement d'une existence contingente à une autre, comme fondement successif de celle qui lui succède, la *Raison* s'élance tout d'un coup, pour ne point remonter sans fin, vers une existence première, qui n'est plus contingente. Mais nous avons déja fait voir, en divers endroits de cet essai, que toute succession rétrograde dans le temps, et par conséquent aussi la série des conditions et des causes, appartient exclusivement aux phénomènes, à l'expérience donnée, et qu'ainsi nous ne sommes nullement autorisés à appliquer le principe de causalité au de-là des bornes de cette expérience. Et si, comme nous l'avons vu dans l'examen critique des antinomies, la conclusion à une cause première n'a de valeur que dans l'expérience ; comment pourrions-nous la transporter au de-là de cette expérience ?

Nécessité de recourir, dans la preuve cosmologique, à l'ontologie. Enfin, pour consolider cette preuve cosmologique, on est obligé d'avoir de nouveau recours à l'ontologique. Car, quoiqu'elle s'appuie d'abord sur l'expérience, elle ne la prend qu'en général et sans aucune détermination, et ne l'emploie que comme un échaffaudage, pour s'élever jusques à l'être nécessairement existant. Cette généralité est, en effet, le plus haut point, où nous puissions atteindre à l'aide de l'expérience. Mais, pour complèter

l'échelle, il faut nécessairement recourir à l'idée
d'un être nécessaire, ce qui nous ramène à la
preuve ontologique. Car nous avons beau
remonter de cause en cause, et placer au haut
de la série, pour l'achever, une cause nécessaire, ayant son principe de causalité dans elle-
même : nous ne parviendrons pas encore pour
cela à un être suprême. Il faut absolument
recourir aux conceptions, que nous avons d'un
tel être, pour réaliser cette cause première, en
recherchant les propriétés, qui conviennent à cet
être, et par conséquent aussi la cause première.

La preuve cosmologique ne peut être énoncée que de la manière suivante: ,, Tout être
,, nécessaire a une existence très-réelle. Or
,, une première cause est un être nécessaire.
,, Donc une premiére cause a une existence
,, très-réelle." Mais il est question, dans ce
raisonnement, de plus d'un être très-réel. La
majeure embrasse une généralité, une totalité
d'êtres nécessaires, qui tous devraient être très-
réels, et parmi lesquels on assume, dans la
mineure, la cause première, comme contenue
dans cette totalité. Il doit donc être vrai, qu'il
se trouve, parmi les êtres très-réels, des êtres,
qui sont en même temps absolument nécessaires.
Mais il est réciproquement vrai, que la conception d'un être très-réel renferme celle de nécessité absolue — ce qui nous ramène encore à la
preuve ontologique: de sorte que nous ne fai-

sons que nous mouvoir inutilement dans un
cercle de conceptions, auxquelles il est impossible d'attribuer aucune réalité objective, sans
le secours des perceptions. Reprenons.

*Insuffisan-
ce de la
preuve
cosmologi-
que.* On a beau vouloir remonter jusques à une
première cause : il faut en outre la réaliser ; et
l'obligation, où se trouve la *Raison*, de recourir, pour cela, à ses propres idées, prouve combien peu la cosmologie est capable d'élever la
cause première au rang d'être-suprême, sans le
secours de l'ontologie. Tout être contingent
suppose, dit-on, un être nécessaire. Mais
cette supposition elle-même a pour base la conception de *causalité* appliquée au *temps* ; et
comme le temps n'est donné que dans l'expérience, il est impossible de rien fonder sur cette
supposition, au de-là des bornes de l'expérience, sans tomber dans de continuelles contradictions : outre que la conception même de causalité est pour nous un obstacle insurmontable à
la recherche d'un être, qui n'est subordonné à
aucune cause.

Ainsi, à peine nous sommes-nous rappro-
chés de l'être suprême, par la pensée, que nous
nous trouvons forcés de rejetter, comme insuf-
fisant, le principe qui nous a servi d'échelle
pour nous élever jusques-là, et de nous aban-
donner entièrement, dans nos recherches ulté-
rieures, à la simple conception que nous avons
de cet être, conception qui tient à notre être
même, qui dépend de la nature de notre pensée.

La simple conception de l'être contingent, tel qu'est l'univers, ne peut jamais nous conduire jusques à l'existence nécessaire. Car, qu'est ce qu'un être contingent? Entend-t-on par-là ce dont la non-existence peut être conçue sans répugner à la pensée ou sans impliquer contradiction? Mais tels sont, sans exception, tous les êtres que nous concevons. Nous ne rencontrons, nulle-part, de chose, dont la non-existence implique contradiction; et par conséquent il ne se trouverait pas, dans tout l'empire de l'*Entendement*-humain, une seule conception pour l'être absolument-nécessaire. Borne-t-on, au contraire, la conception d'être contingent, à ce qui n'a pas toujours existé, à ce qui a une fois commencé d'être : on suppose alors quelque chose, qui a dû précéder, comme cause, l'existence de l'être contingent. Et, *Questions indissolu-* si l'on regarde cette cause elle-même comme *bles, par* non-contingente, comme nécessaire; il restera *rapport à la premiè-* toujours à résoudre cette question : pourquoi *re cause.* cette cause (et qui dit cause, dit agent) ayant toujours existé, n'a-t-elle agi que dans le temps? Pourquoi, étant nécessaire en elle-même, et, par conséquent, indépendante de tout autre agent, a-t-elle agi précisément de cette manière, &c.? Cette détermination de temps et de manière dans l'action de la cause suppose de nouveau un fondement, une *raison*, une cause, qui a déterminé cette action dans un temps donné, et de telle manière, plutôt que de toute

L 5

autre. La cause indépendante n'a-t-elle donc
pu agir autrement et dans un autre temps?
Quelles sont donc les causes qui l'en ont empê-
chée? Et ces causes elles-mêmes, quelle nouvelle cause les a fait disparaître, lorsque le monde a commencé d'exister; de manière qu'il n'ait
pu exister plutôt, et qu'il ait dû précisément
exister alors? Ou bien, cette cause étant entièrement libre, dira-t-on qu'elle n'a pas voulu
agir plutôt? Mais qu'est-ce qui a donc précédé
cette cause, pour la déterminer ainsi? Car nous
ne pouvons rien concevoir, pas même la détermination de la volonté dans un agent libre, sans
une *raison* suffisante. C'est là précisément le
grand principe, d'après lequel on conclut, dans
la preuve cosmologique, à l'existence d'une
première cause. Mais, pour que cette preuve
puisse valoir, il faut qu'il y ait aussi des *rai-
sons suffisantes* de l'acte; que dis-je? de l'existence même et du repos de cette première cause.
La preuve cosmologique se détruit donc elle-
même; et la conséquence, qu'on en tire naturellement, n'aboutit qu'à convertir l'être prétendu
nécessaire, en un être purement contingent.
Ainsi la preuve cosmologique de l'existence de
Dieu, aussi long-tems qu'elle se borne uniquement à la cosmologie, c. à d. à l'expérience en
général, est insuffisante pour le but qu'elle se
propose; ce but étant hors des bornes de l'expérience : tandis que l'ontologie, qu'elle est
forcée d'appeler à son secours, n'est aucune-

ment autorisée à réaliser les concept'ons transcendantes, pu'elle tâche de combiner.

Il nous reste à examiner la preuve *physico-* *Examen de la preu- ve physi- co-théolo- gique.*
théologique. Cette preuve a ceci de commun
avec la preuve cosmologique, que toutes deux
se fondent d'abord sur l'expérience. Il se trouve néanmoins entre elles une différence très-
marquée : car, au-lieu que la preuve cosmologique reconnaît pour fondement l'expérience en
général; la physico-théologique, au contraire,
se borne, au moins dans son principe, à une
partie déterminée de l'expérience, et particulièrement à l'ordre et à l'harmonie sensible, qui
s'offrent à nous de toutes-parts dans la nature.

Mais n'est-il pas aisé de sentir, que la concep- *Concep- tion de l'ê- tre suprê- me au-des- sus de no- tre portée.*
tion transcendentale de l'être nécessaire, suffi-
sant à tout et ayant son origine en lui-même,
de l'être tout sage et tout bon, que nous dési-
gnons sous le nom de DIEU, est beaucoup trop
vaste, trop élevée au-dessus de toute expérience, pour que nos conceptions, bornées à
l'expérience, puissent en embrasser toute l'étendue, ou même en approcher, de quelque manière ? Tout ce que peuvent nous offrir la *Sen-*
sibilité et l'*Entendement* (et c'est à quoi se borne nécessairement notre expérience) n'est que
conditionnel. C'est en vain, qu'à l'aide de ces
deux facultés, la *Raison* cherche l'inconditionnel, qui ne peut se rencontrer dans le cercle
étroit qui borne irrévocablement notre cognition.

Spectacle de la na- ture. Cependant le monde sensible, c. à d. cette portion de l'univers et de la nature, qui est sensible pour nous, soit que nous contemplions son immense étendue, soit que nous descendions dans le détail de ses parties, dont la petitesse échappe à la simple vuë, offre à notre admiration un spectacle si vaste et si ravissant de variété, de dessein, d'ordre et de beauté, que, quoique notre vuë n'embrasse peut-être que la moindre partie du tout, le langage et la pensée même de l'homme sont trop faibles pour exprimer ou concevoir dignement les merveilles, que nous y découvrons. Par-tout l'enchaînement des causes et des effets, des moyens et des vuës, par-tout l'ordre et la régularité frappent nos regards.

Ses effets sur nous. Ces variétés étonnantes, qui se succèdent sans interruption dans l'état de l'univers, constamment ramenées à l'unité harmonique du tout, comme à leur but, ramenent aussi continuellement nos regards sur des variations, des manières d'être, qui les ont précédées, et nous forcent à remonter sans relâche des effets à leurs causes ; au-point, que, si l'esprit humain ne satisfait enfin l'idée d'un premier principe, d'un fondement inconditionnel de tous les phénomènes, comme il ne peut cependant s'arrêter dans sa course, ni se refuser à la recherche du monde phénoménal, il irait infailliblement se perdre dans l'abîme du néant.

Nécessité d'admettre un premier être. Lorsque nous parcourons des yeux ces propriétés du monde sensible, qui n'échappent à l'attention d'aucun être raisonnable, et qui se présentent à chaque pas, aussi loin que la vuë de l'homme peut s'étendre ; lorsque sur-tout nous contemplons l'arrangement et l'ordre plein d'intelligence, qui se retracent dans un si grand nombre d'êtres organisés et animés, ainsi que dans tout ce qui est utile ou nécessaire à leur existence, à leur conservation et à leur réproduction : pourrions-nous nous défendre, contraints comme nous le sommes d'ailleurs, pour complèter la série des conditions, d'admettre un premier être, sans lequel cette série ne serait jamais complette, pourrions-nous, dis-je, nous défendre de regarder en même temps ce premier être, comme le plus parfait de tous les êtres, et même comme l'être absolument parfait ? Il est sûr, au moins, que cette considération quadre parfaitement avec la nature de la *Raison*-humaine. Il y aurait autant de déraison que de vanité à contester les avantages sans nombre, qui résultent de la contemplation de la nature. Quel est le mortel assez froid ou assez dépravé, pour que l'accord merveilleux qui règne dans les parties de l'univers et dans l'ensemble de la nature, ne le ravisse et ne le porte à des actions dignes de la sublimité de son être ? Pleins du sentiment qui nous anime, en contemplant ces merveilles, pourrions-nous ne pas nous écrier : ,, Ô Nature ! l'éton-,, nante variété des êtres, qui frappent nos ,, regards dans ce petit coin de ton immensité,

Avantages qui résultent de la contemplation de la nature.

„ nous fait, quoiqu'imparfaitement, deviner le
„ reste. Tes ouvrages portent l'empreinte de
„ la sagesse de ton auteur; l'ensemble et la
„ beauté de tes parties sont autant de rayons
„ de l'être tout-parfait, dont l'essence se dé-
„ robe à notre faible vue!"

Insuffi-
sance des
preuves
tirées de la
contem-
plation de
la nature.
Néanmoins, quelqu'élevés, quelque dignes
de notre nature que soient les sentiments que
nous inspire la contemplation de la nature;
jamais les preuves, que nous en tirons, n'ac-
querront le degré d'évidence requis pour la
démonstration. Pour nous en convaincre, il
suffira de parcourir en détail les points princi-
paux, sur lesquels on fonde la preuve *physico-*
théologique de l'existence de Dieu.

Ordre de
l'univers
et ses fins.
1.) Partout on découvre dans l'univers des
traces d'ordre, de liaison, de tendance à des
fins déterminées, dont les effets, variés à l'infini,
se combinent de manière à former un seul tout.
2.) La sagesse et l'harmonie, qui éclatent dans
l'univers, ne sauraient être attribuées aux objets,
dont il est composée ; puisque ces objets ne sont
tels que par contingence. Ce sont des moyens de
parvenir a certaines fins-moyens, qui d'eux-mêmes, n'auraient point de tendance à ces fins, s'ils
Cause in-
telligente.
n'y avaient été déterminés d'après des principes
raisonnables. 3.) Il existe donc une *Raison,* une
cause intelligente (ou peut-être plus d'une: car c'est
là une question, que ce genre de spéculation ne saurait décider) qui préside à l'univers, non en cause
aveugle, dont la causalité soit forcée, à la manière

du *destin*; mais en cause spontanée, en agent libre et sage tout à la fois. 4.) Enfin, pour prouver l'unité de cette cause première, ou du moins, pour donner à cette unité quelque vraisemblance, on allègue l'accord des parties de l'univers, qui semblent faites exprès pour s'étayer les unes les autres et former un seul édifice, dont l'ensemble annonce unité de vue dans un seul architecte.

Il est à remarquer d'abord, que, lorsqu'il est parlé dans la Physico-théologie de tendance commune de la nature vers un seul but, il ne s'agit, en cela, que de l'arrangement et du méchanisme de la matière, non de la matière elle-même. Ainsi, lorsque, en comparant l'univers aux ouvrages de l'art, nous rapportons sa structure à un auteur intelligent et sage, cette analogie ne peut, tout au plus, nous conduire qu'à la conception d'un suprême *architecte*, qui a façonné et arrangé la matière, suivant un certain plan et conformément à de certaines vues : mais jamais nous ne parviendrons, par cette route, à l'idéal sublime d'un être *créateur*, cause de l'existence même de cette matière. Pour tirer, de l'existence de la matière et de ses combinaisons, la preuve de l'existence d'un être créateur, il faudrait prouver d'abord que les êtres dont est composé l'univers, les substances, n'ont point en elles-mêmes la *raison* suffisante de leur être, mais qu'il a fallu qu'une main créatrice les tirât du néant. Mais, supposé que

Suprême architecte.

Idée d'un suprême architecte, différente de l'idée du créateur.

cette preuve fût possible , il ne faudrait pas encore la puiser dans l'expérience, comme cela a lieu dans le cas dont il s'agit.

La con-naissance, que nous avons de l'univers et de la nature, in-complette.
Du but et de la tendance commune des êtres qui composent l'univers, on conclut, en second lieu, qu'il existe un être, dont la grandeur, la puissance , la sagesse et la bonté sont propor-tionnées à ce que nous admirons dans ses ouvrages. Mais, avant de vouloir déduire, de la connaissance que nous avons des œuvres de la création, une conception analogue du créa-teur, ne faudrait-il pas être instruit à fond du but qu'il s'est proposé, et connaître en détail le jeu de tous les ressorts qu'il emploie? Mais où est la sage , qui puisse se vanter d'avoir acquis ce degré de science ? Quel œil a pu embrasser, dans toute sa plénitude, l'idée de grandeur, de puissance, de sagesse dans toute leur perfection, ou du moins dans la perfection requise, pour pouvoir en conclure que le monde est l'ouvrage d'un être parfait ? Et, s'il est impossible à l'homme de pénétrer tant de per-fection, si sa vuë est bornée à quelques-uns de ces attributs; comment oserait-il s'arroger le droit de décider de la puissance, de la sages-se, de la bonté , en un mot, de toutes les perfections infinies de l'être suprême? Com-ment, pour revenir à l'expérience, celui, qui ne découvre qu'à travers un nuage, une très-petite partie d'un chef-d'œuvre, sans être d'ailleurs assez connaisseur pour savoir ce qu'il pourrait

ou

ou ce qu'il devrait être , pour être absolument parfait, sans être informé du but auquel
ce chef-d'œuvre est destiné, sans pouvoir par
conséquent juger de sa convenance avec ce
but, de laquelle cependant dépend principale-
ment sa perfection, un être réduit à s'écrier
à chaque pas, que les voies et les moyens
employés dans la production, qu'il admire,
sont impénétrables à sa pensée: comment, dis- *insuffisan-*
je, un tel être pourra-t-il juger avec connais- *te pour*
                                                en con-
sance de cause, de la grandeur, de la sagesse, *clure à*
                                                l'essence
de la bonté de l'ouvrier, et déterminer en lui *de son*
le degré de ces facultés, d'après le degré de   *auteur.*
perfection d'un ouvrage qu'il ne connaît qu'à
peine ? C'est pourtant là ce qui arrive à la
Raison, lorsqu'elle s'émancipe jusqu'à mesurer
l'Etre-suprême sur le point de perfection presqu'imperceptible, qu'elle croit appercevoir dans
ses ouvrages. Tels sont les résultats de la
preuve *physico-théologique* de l'existence de
Dieu.

. Il est clair que cette preuve repose toute *Fonde-*
                                             ment de
entière sur cette proposition: ,, L'ordre et la *la preuve*
régularité sont impossibles, sans l'intervention *physico-*
                                                 théologi-
d'un être *régulateur.*" Demande-t-on, pour- *que.*
quoi ? La réponse est toute prête : ,, C'est
que nous ne connaissons pas d'autre principe
de l'ordre , que l'intelligence." Mais depuis
quand les bornes étroites de notre connaissance
sont-elles devenues les limites de toute possibilité ? De ce que *nous* ne connaissons pas

M   d'aud'autres principes, devons-nous en inférer qu'il ne puisse y en avoir d'autres? Et, quand même nous accorderions cette proposition, on serait en droit de demander encore : quel est l'ordre, quelle la régularité, dont il est ici question? S'agit-il de l'ordre physique, ou de l'ordre moral, ou bien de l'un et de l'autre?

De l'ordre physique ne resulte pas l'exi-stence d'un Dieu saint. L'ordre physique, conformément à notre manière de concevoir l'ordre, nous conduit, à la vérité, à l'idée d'un être intelligent, qui a présidé à la structure du monde. Mais de cette conception, à celle d'un gubernateur moral de l'univers, la distance est infinie. Nous trouvons par-tout, dans l'ordre physique de l'univers, la main de l'artiste par excellence; mais y trouvons-nous, pour cela, l'être suffisant à lui-même, et par lui-même à tout ce qui existe, le créateur tout bon, tout sage,

Nécessité de l'ordre moral. tout miséricordieux, le *Dieu saint?* L'ordre moral et un but moral semblent donc absolument nécessaires pour remplir le vuide immense de l'espace qui sépare jusques-là l'idée de

Insuffisan-ce de nos vuës. DIEU, de celle d'un suprême architecte. Mais qu'à cet égard encore nos vuës sont bornées et insuffisantes! Incapables de saisir l'ensemble des êtres moraux et de leurs rapports, à peine éclairés par une expérience très-bornée, nous n'appercevons que la moindre partie du monde moral et de l'ordre qui y règne. Et si nous bornons à cette faible expérience nos preuves pour l'ordre moral de l'univers; n'auront-elles pas plutôt l'air de l'ironie et de la satyre, que d'une assertion sérieuse et réfléchie? Surtout si nous arrêtons nos regards sur la petite planète, qui nous est assignée pour demeure; pourrait-elle être plus mal gouvernée quant au moral, (je parle d'après notre manière de voir, qui est extrêmement bornée) si quelque génie jaloux et mal-faisant la dirigeait, ou du moins en partageait l'empire avec un bon génie? Des philosophes ont osé, dans des *théodicées*, s'ériger en défenseurs de la Divinité, par rapport à l'existence du mal qu'elle permet. „La défense de Satan permettant le bien,” dit FICHTE, „serait-elle plus difficile à entreprendre, sous ce point de vuë, et ne serait-on pas aussi assuré du succès de sa cause, qu'on l'a été jusqu'à présent en plaidant pour l'auteur du bien?”

Vanité de ce qu'on appelle théodicée.

Comme il n'est pas difficile de sentir la faiblesse d'un pareil genre de preuve; on ne se contente pas non-plus d'alléguer en témoignage le ravissement que nous causent les marques de puissance, de sagesse et de bonté, que nous croyons reconnaître dans la structure de l'univers. Mais, considérant cette structure et l'ordre qui y règne comme simplement contingents, par rapport à l'univers, on remonte, suivant la série des contingences „jusqu'à l'être non-contingent, dont on ne prouve *l'existence réelle*, qu'au moyen de la conception de sa *possibilité-logique*. C. à d.

La preuve physico-théologique est fondée originairement sur l'ontologique.

qu'on est contraint de revenir encore une fois sur ses pas, de rétrograder de la preuve *physico-théologique* à la *cosmologique*, et de celle-ci à la preuve *ontologique*, qui est le fondement et le principe caché des deux autres.

Nullité de la théologie naturelle.

Si, comme nous venons de le démontrer, aucune de ces trois preuves, les seules néanmoins, que puisse alléguer la *Raison* pour l'existence de DIEU, ne peut se soutenir au tribunal de la *Raison*-même : que faut-il en conclure ? qu'une théologie-naturelle, ou fondée uniquement sur la *Raison*, est, considérée comme *science*, aussi impossible à établir pour nous, dans l'économie présente de notre cognition, que la prétendue science de l'ame et celle de l'univers.

Absurdité des conclusions transcendentales.

Répétons-le : la base de tous nos raisonnements, c'est l'expérience ; par conséquent, toutes les conséquences, que nous prétendons en déduire par rapport à ce qui est hors de l'expérience, ne peuvent qu'être absurdes.

Tendance naturelle de la raison vers les idées transcendentales.

Ce n'est pas que de pareilles tentatives n'ayent leur utilité : elles nous font du moins voir que la *Raison* humaine, toute bornée, toute impuissante qu'elle est, tend naturellement et avec une force presqu'irrésistible à franchir ces bornes, ou du moins à les reculer, et que ces idées transcendantes, quelqu'impossible qu'il soit de les réaliser, tiennent pourtant à l'essence même de notre *Raison*, comme les catégories tiennent à la nature de notre *Entendement* : avec cette différence, que, de l'application de ces dernières à nos percep- tions, résulte pour nous la connaissance des objets; au-lieu que les premières ne peuvent jamais se réaliser objectivement pour nous.

Notre *Raison* n'est jamais en rapport immé- diat avec quelqu'objet que ce soit : le rapport des objets à la raison n'a lieu qu'au moyen de *l'Entendement*. De même que *l'Entendement*, dans l'application de ses catégories, est borné *Usage de* aux perceptions de la *Sensibilité*; l'emploi de la *la Raison.* *Raison* se borne, de son côté, à ramener les conceptions de *l'Entendement* à l'unité, en les subsumant sous une conception unique la plus générale possible, ce qu'elle fait en complet- tant chaque sèrie par l'idée de l'inconditionnel. L'universalité fait l'essence de la *Raison*, et la perfection de chaque sèrie est une idée, qui découle nécessairement de cette essence. De cette idée de perfection, découlent à leur tour, comme d'une source commune, toutes les autres idées de la *Raison*. Et comme nous *Bornes de* n'avons d'autres données, que les objets sensi- *la Raison.* bles; ce n'est aussi qu'à ces objets, que la *Raison* peut appliquer ses idées : non, à la vérité, dans un sens *positif* (car nous n'avons *Applica-* dans l'expérience aucun objet qui s'accorde *tion régu-* *lative des* complettement avec le but des idées, ou qui *idées.* quadre parfaitement avec leur généralité) : mais dans un sens purement *régulatif*, c. à d. qui donne à *l'Entendement* une direction générale, au moyen de la quelle toutes ses règles se trouvent ramenées à un principe unique, à un point central.

*Idées né-
cessaires
à la con-
naissance.* Considérées sous ce rapport, les idées sont d'une nécessité indispensable. C'est à elles, que nous devons l'enchaînement, la liaison non-interrompue des êtres, qui composent le monde phénoménal, le seul monde que nous connaissions. Sans cette liaison, dûe aux idées, nous ne pourrions jamais ramener les phénomènes à l'unité. Elles seules peuvent servir à remplir les vuides de l'expérience, et completter pour nous le monde phénoménal : elles sont donc indispensables pour nous ; mais en même temps leur usage n'est que subjectif. Les idées déterminent les bornes de l'expérience, au delà des quelles nous ne pouvons vouloir étendre notre connaissance, sans nous égarer dans un dédale de conceptions creuses. Les spéculations les plus subtiles sont aussi peu capables que la simple expérience, de nous éclairer au de-là de ces bornes.

*Nature
morale,
peut seule
nous guider hors
de l'expérience.* Il n'y a que notre nature *morale*, qui, par le sentiment du devoir et la force irrésistible de la conscience, puisse nous guider sûrement hors de la sphère étroite des phénomènes.

*Autorité
suprême
de la raison dans
l'usage
pratique.* A cet égard, notre *Raison* est la législatrice suprême de nos intentions et de nos actions, quoiqu'à la vérité, seulement dans son usage pratique. Le *commandement* de la *Raison* est absolument, nécessairement, inconditionnelle-

ment obligatif pour nous. C'est sous notre
rapport moral, que nous nous approchons en
effet de la Divinité, inaccessible à toute autre
philosophie : mais cette route, il n'appartient
qu'a notre *Raison pratique* de la suivre. Ici *Liberté.*
nous trouvons la pleine conviction de la liberté
de notre volonté, liberté, sans laquelle le dic-
tamen de notre conscience ou le sentiment intime de notre devoir, ainsi que toute idée de
vertu, ne serait que chimère. Ici se trouve
le fondement d'un espoir plein de confiance
en l'immortalité de l'ame, inséparable de notre
tendance naturelle à la perfection morale. Mais,
encore un coup, cette route n'est ouverte qu'à
la *Raison-pratique*. En vain la *Raison-spécu-* *Les pos*
tulats de
lative voudrait-elle prouver ces postulats par *la raison-*
pratique
des raisonnements appuyés sur des principes *ne sau-*
raient
généraux : ces objets ne sont aucunement du
être réa-
ressort de l'expérience. *lisés par*
la raison
Nous ne pourrions nous étendre d'avantage *spécula-*
tive.
sur cet matiére, qu'en passant, de l'examen
critique de la *Raison-spéculative*, à celui de
la *Raison-pratique*, dont l'exposition n'entre
point dans notre plan.

Nous nous sommes uniquement proposé
d'applanir la voie de la *Critique de la Raison-*
pure à ceux qui commencent à étudier cette
science ; et par conséquent, nous n'avons eu
en vuë que la solution de ce problême : ,,Que
pouvons-nous savoir, et jusques à quel point
pouvons-nous savoir quelque chose?" L'autre

question , non moins intéressant pour nous:
,, Que devons - nous faire ?" appartient à la
Critique de la Raison-*pratique.* Ce n'est qu'avec
cette dernière question , que les postulats ,
dont nous avons parlé , sont en connection.

F I N.